乾坤易道易学シリーズ

秘伝 盲派四柱推命

伝統派と異なる秘密技法の基礎と実例

易《い》海《かい》陽《よう》光《こう》
穆《ぼく》良《りょう》軍《ぐん》
［著］

太玄社

秘伝　盲派四柱推命／目次

まえがき——i

第1章　盲派四柱推命総論

第1節　盲派四柱推命の歴史……2
第2節　盲派四柱推命と伝統派四柱推命の違い……4
第3節　なぜ四柱推命は一生の運勢を占えるのか……7
コラム　「象五行」とは何か？——10

第2章　盲派四柱推命の基礎知識

第1節　陰陽五行……16
1．陰陽学説——16
2．五行学説——17
3．正五行の生剋制化——18
4．五行の生剋——20

5. 五行の旺相休囚死――21

第2節 十天干……22

1. 天干――22

第3節 十二地支……32

1. 地支の陰陽：十二地支は陰陽に分けられる――32
2. 地支と五行、方位との関係――32
3. 地支と四季の関係――33
4. 地支と色との関係――33
5. 内臓との関係――34
6. 地支の相生――34
7. 地支の相剋――34
8. 地支の生剋制化よる作用関係――35
9. 地支の冲――35
10. 地支の合――38
11. 地支三会――42
12. 地支三刑――43
13. 地支六害――45
14. 墓庫――46

15. 地支の破――48
第4節　天干地支の生剋路線……48
第5節　六親十神総論と象義……52
1. 六親十神とは――52
2. 六親十神の名前と象意――52
3. 六親十神に関する考え方――57
第6節　生まれた時刻を推理する古法……60
第3章　盲派四柱推命の常用神煞と、神煞による開運法
第1節　神煞総論……64
第2節　貴人……67
第3節　桃花星……74
第4節　駅馬星……85
第5節　華蓋星……91

第6節　禄神……95
第7節　羊刃……102
第8節　将星……108
第9節　空亡……111
1．四柱空亡――113
2．十神空亡――114
3．盲派四柱推命における空亡の特徴――115
第10節　病符煞と死符煞……120
1．病符煞――121
2．死符煞――122
第11節　亡神煞……123
第12節　劫煞・災煞・歳煞……125
第13節　十悪大敗煞……130
第14節　紅艶煞……133
第15節　天箒煞、地箒煞、鉄箒煞……137

第16節　元辰（大耗）……140
第17節　喪門、弔客……142
第18節　孤辰、寡宿……143
第19節　陰陽差錯……144
第20節　八専九丑……145
1．八専日――145
2．九丑日――146
第21節　天羅地網……148
第22節　伏吟・反吟……153
1．伏吟の象意と判断――153
2．反吟の象意と判断――155
第23節　童子童女煞……158
1．童子童女煞の由来と因果関係――158
2．童子童女煞の調べ方――160
3．童子童女煞を化煞する方法――161

第24節　五鬼煞……162
コラム　安倍晋三氏の命式――164

第4章　胎元、命宮、身宮

第1節　胎元……170
1．胎元とは――170
2．胎元の役割と作用――171
3．胎元の調べ方――172
第2節　命宮……174
第3節　身宮……176

第5章　身命十二宮

第1節　身命十二宮総論……180
1．身命十二宮の名前と順序――180
2．身命十二宮の調べ方――182

第2節　身命十二宮の実例……184

第6章　限運と大運

第1節　限運総論……196
1. 限運とは何か――196
2. 限運と八字の対応――197
第2節　限運の実例……198
第3節　大運・流年総論……205
1. 大運とは何か――205
2. 大運の算出方法――207
3. 命式、大運と流年との関係――212

第7章　納音五行

第1節　納音五行概論……214
1. 納音五行とは――214
2. 納音五行の作用――216

第2節　納音五行を素早く算出する密法……216
第3節　納音五行の意義……218
コラム　トランプ氏の命式――234
あとがき――241

第1章

盲派四柱推命総論

第１節　盲派四柱推命の歴史

「帝王学」として発展してきた太乙神数（天象）、奇門遁甲（地理）、大六壬（人事）は、「三式」と呼ばれますが、そこに四柱推命が加わり、「四奇術」と呼ばれることがあります。古来、四柱推命は、三式と並んで、大変人気のある占術です。

四柱推命は、大まかに、伝統派と盲派の二つに分類されます。

伝統派四柱推命は、現在中国や日本、韓国でよく使われている技法で、中国の唐王朝の李虚中《りきょちゅう》[1]が伝統派四柱推命の元祖とされています。宋王朝の徐子平《じょしへい》[2]がそれまでの命理術を全面的にまとめ、『淵海子平《えんかいしへい》』という初めての四柱専門書を著し、四柱推命の発展と普及に大きく貢献しました。徐子平の名前にちなんで、四柱推命は別名、子平とも呼ばれています。明王朝の時代（１３６８～１６４４年）において、四柱推命の

1　李虚中（紀元７６１～紀元８１３年）：著書は『李虚中命書《りきょちゅうめいしょ》』三巻。李虚中は、唐の時代までの算命術をまとめ、生年月日の天干地支を用いて、三柱推命体系を確立した。

2　徐子平（紀元９０７～紀元９６０年）：李虚中の三柱推命を基礎にして、生年月日時の天干地支を合わせて八字を用いるやり方を確立した。そのため、四柱推命は、子平法、八字とも呼ぶ。

理論は少しずつ完備され、多くの専門書が登場しました。例えば、『滴天髄《てきてんずい》』『三命通会《さんめいつうかい》』『窮通宝鑑《きゅうつうほうかん》』『千里《せんり》命稿《めいこう》』などの古典も典籍は日本語に翻訳され、広く読まれています。

一方、盲派四柱推命は、伝説によると、中国の漢王朝（紀元前２０２～紀元２２０年）の東方朔《とうほうさく》[3]から始まったとされています。東方朔とは、盲派の伝説によると、道教の神仙である東方朔が、人間の形に化身して、盲人達に生計の手段を与え、社会に役に立つことができるようにと算命術を理論化し、盲人に伝え、盲派という一大流派を作ったとされています。そして、盲人の仕事が奪われないように、厳しいルールが設けられ、盲派四柱推命の理論は、いかなる理由であっても健常者には教えてはいけないとされ、たとえ自分の息子であっても、子供が健常者であるなら教えてはいけないとされてきました。それから、２０００年以上の歳月にわたって、歴代の盲派四柱推命の先生方は、このルールを厳守し続けてきました。

しかし、中国で文化大革命が起こり、中国の伝統文化はほとんど迷信として批判され、数千年間伝わってきた伝統文化が絶滅するほどの被害を受けました。特に、易経に基づく風水、奇門遁甲、四柱推命などの古典文化を継承する大勢の先生方は「牛鬼蛇神《ぎゅうきだしん》（容姿や心が醜いことや邪な心を持つ悪人のたとえ）」として迫害され、亡くなられてしまいました。

私の恩師である秦倫詩先生は、当時、地元で漢方医として活躍されていたので、生き残ることができました。

3　東方朔（紀元前１６１～紀元前93年？）：漢武帝の時代の文学家、政治家であり、また易学者でもあった。道教では神仙とされている。『西遊記』の中の太白金星は東方朔がモデルとなっている。代表作は『答客難』『非有先生之論』『七諫』など。

文化大革命が終わり、中国は改革開放の時代に入って、風水や占いなどの学問も解禁されました。生き残った易学の先生方が再び世の中に出てきて、五千年間も伝わってきた、消滅しつつある易学を救うために、易学に関する各分野を教え始めたのです。

盲派八字は伝承のルールが厳しすぎたので、歴史の中で、かなりの秘伝を喪失してしまいました。これは本当に残念なことです。さらに、文化大革命により、たくさんの先生方が亡くなられ、盲派八字は致命的なダメージを受けました。このままでは、後世に伝わらなくなるおそれがあり、数名の盲派の先生らは、盲派八字理論を社会に公開することを決意され、二千年以上、閉ざされてきた盲派八字が、いよいよ一般に向け公開されたのでした。

第2節　盲派四柱推命と伝統派四柱推命の違い

伝統派四柱推命は、日干の旺衰、命式の格局を重視し、日干とその他の七字との六親関係、それぞれの五行の旺衰により、用神と忌神を定めて判断します。

盲派四柱推命は「理法」「象法」という技法を中心にして、天干地支、地支の蔵干との間の組み合わせ、大運、流年との組み合わせを分析して、さらに六親、神煞も考慮しながら、総合的に分析する膨大な学問体系です。また、日柱の干支を中心にするだけでなく、その他の三柱の天干地支も重視し、必要に応じて、それぞれの干支の字を中心にして分析する技法（太極の転換技法）なども備えています。その他、易学の陰陽理論、四柱と八卦との関係なども用いながら、一生の貧富吉凶を占います。

盲派四柱推命の「理法」とは、伝統派とほぼ同じで、日干の旺衰、命式の格局、六親、用神忌神、神煞などを判断する技法です。

一方、「象法」とは、「易経」の「象・数・理・占」の中の「象」の考えに従って、四柱を掛け軸のような、一枚の「絵」として読む技法です。易学は、宇宙のすべての物を、「象・数・理・占」の視点から研究する学問です。象数理占の関係について、「壁掛け時計」の例を用いて説明するとわかりやすいと思います。

1. 時計の外観、形、色、針、文字盤などが「象」です。
さらに、時計内部の部品の形は、隠れた象です。
2. 時計の中の数字もしくは目盛りは「数」です。
時計のサイズ、部品のサイズ、点数なども「数」の範疇です。
3. 時計内部の動き、針が動く原理、時間を示す原理などは「理」です。
4. 朝8時の時点で、夜8時10分の針の位置はどこにあるかを考えれば、誰でも、その位置を想像できるでしょう。これが一番簡単な「占」です。

盲派四柱推命は、このような易経の象を読むやり方を取り入れて、直観で命式と大運・流年の天干地支を「形象化」して判断する技法です。この象法体系には、天干地支の象、陰陽五行の象、宮位の象、十神の象、神煞の象などが含まれています。

盲派四柱推命と伝統派四柱推命の決定的な違いは、盲派は象法を使用し、八字間の組み合わせと五行の流通関係を重視する点にあると言って良いでしょう。

盲派四柱推命は人間の性格、健康状態、運勢などを占うことができるほか、実家の状況、環境、親が従事した仕事、通った大学、さらに、身長などの細かい情報までも占うことができます。以下の例は、著者が盲派四柱推命の理論を使って占った実例です。

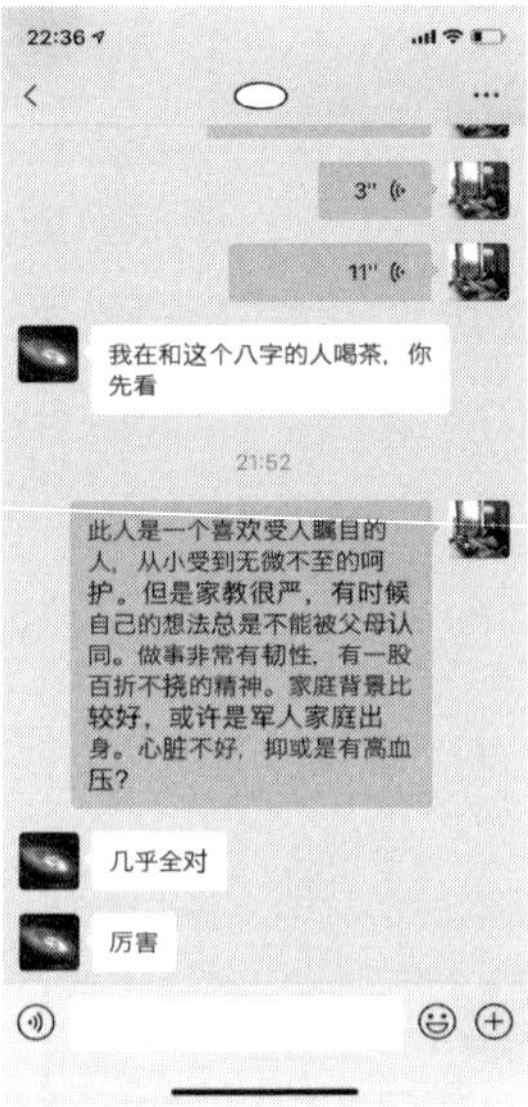

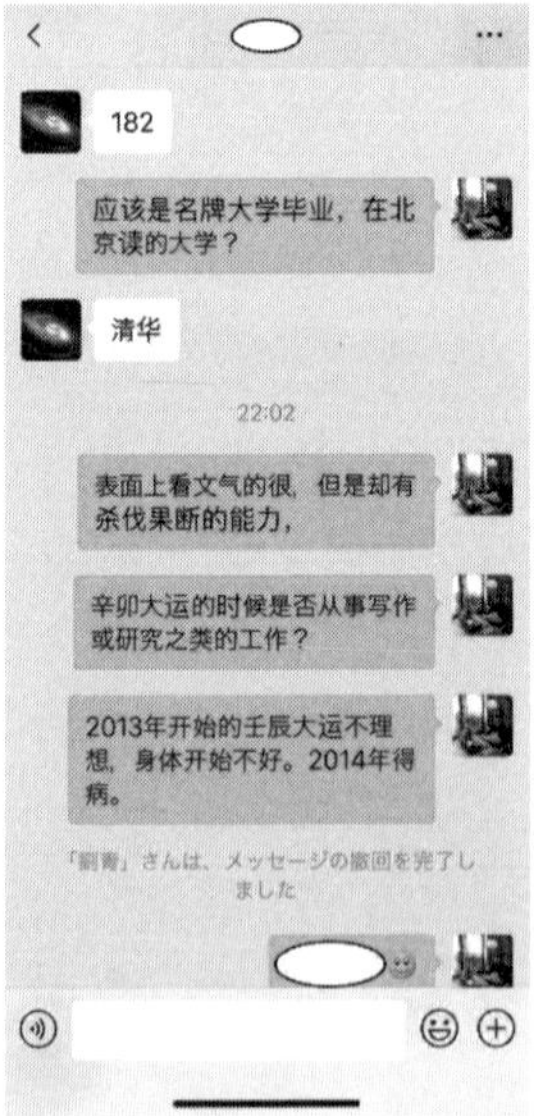

日本語訳：

相談者：私は今この命式の人とお茶を飲んでいます。まず、この四柱を見てください。

易海陽光：この人は注目されたい人。子供の頃からすごく大事に育てられたが、躾は非常に厳しかったでしょう。時折、自分の考えが親に認められないことがあったはず。忍耐強く、どんな困難にも臆せず、初心を貫くことができます。

実家は経済力があります。父親は軍人かもしれない。本人は心臓が良くない。もしくは高血圧。

相談者：ほとんど当たっています。すごい。

易海陽光：名門大学卒業、北京の大学ではないですか？

相談者：清華大学（北京にある中国のナンバーワンの大学）

易海陽光：おとなしく見えるが、実は決断力に優れています。辛卯大運の時に、創作や研究などの仕事をしましたか？

2013年から始まる壬辰大運は良くないです。健康に問題が起き始め、2014年に病気をするでしょう。

第3節　なぜ四柱推命は一生の運勢を占えるのか

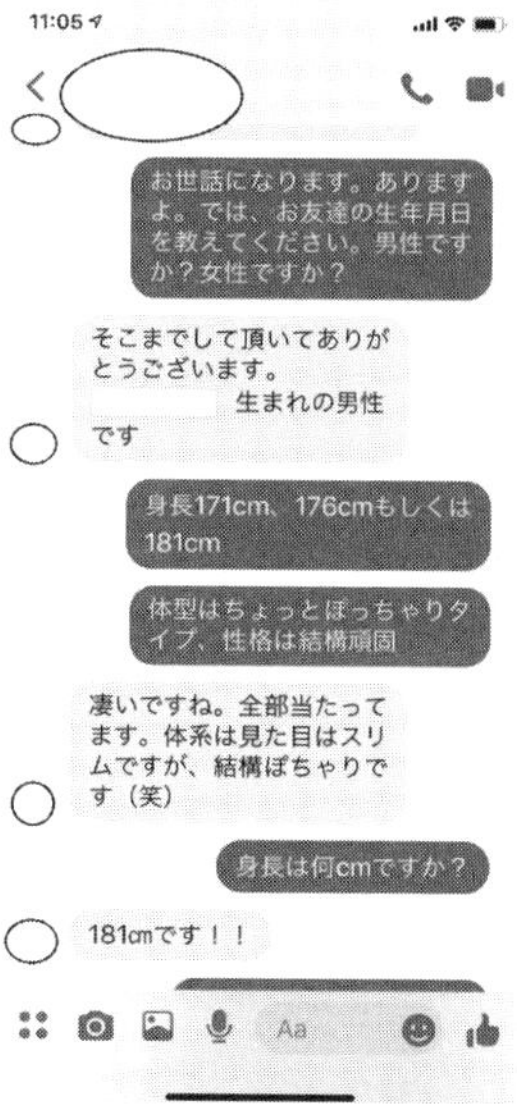

四柱推命は、人間の生年月日と生まれた時刻を、十天干と十二地支で表記し、年、月、日、時をそれぞれ二文字で表して、その八つの文字をベースにして、一生の運命を推計する方法です。四柱推命は八つの文字で構成するため、中国は昔から「八字」と呼ばれてきました。『黄帝内経《こうていだいけい》』には、人の生年月日に基づいて、五行の旺衰を推計して、人の健康を判断すると記載があり、最も古い四柱推命の雛形です。

日本語に、「運命」という言葉があります。中国語では、「命運」と言います。運命という単語は、実は「運」と「命」という二つの概念で成り立っています。生年月日と時間によりできた四柱（原命局、命式という）は、生まれつき（先天）のものであり、これを「命」といいます。大運（十年ごとの運勢）と流年（毎年の運勢）、周囲の環境などは、後天のものであり、これを「運」といいます。先天の「命」と後天の

「運」を合わせて、一生の運命ができ上がっていきます。

人は生まれたときに、一生の運命はほぼ決まっていると考えます。大運や流年は後天的なもので、努力や環境により、多少は運命の軌道を変えることはできるものの、大きく変えることは難しいと考えます。

原命局と大運と流年との関係について、恩師である秦倫詩先生は、『中国易学博覧・八字巻』の中で、このように記しています。

「命と運との関係は密接で、互いに補完し合う。例えば、生年月日時に基づいてできた四柱（原命局）を車とすれば、大運は車が走る道路となる。流年は車の運転手である。性能の良い車は、きれいな道路で、技術の優れたドライバーが運転すれば、安定し、なおかつ、スピードも出して走ることができるだろう。しかし、どんなに性能の良い車でも、常に凸凹な道路を走れば、車は早くダメになるだろう。人間も同じこと。どんなに先天の運が良くても、後天運が悪ければ、後天の努力がなければ、良い車が凸凹の道を走るようなもの。逆に、先天運が悪くても、上手な運転方法で良い道路を走るなら、車は長持ちし、修理も少なく済む」

盲派四柱推命は、まず、原命局の八つの天干地支の組み合わせを詳細に分析して、次に原命局と大運と流年の関係を分析していきます。

	天干	地支
年	癸	卯
月	乙	丑
日	甲	申
時	壬	申

例えば、２０２４年1月21日16時に生まれた人の原命局（命式）は上記のようになります。

盲派四柱推命では、年柱は、人間の頭部、両親の情報、本人の1～16歳（少年期）までの運勢を表しています。年柱は、両親の情報を読み取れるので、父母宮ともいいます。月柱は、人間の胸部、兄弟姉妹の情報、本人が17～32歳（青年期）までの運勢を表しています。月柱は、兄弟姉妹、同僚、同級生など人間関係を司るので、兄弟宮ともいいます。日柱は、腰腹部、夫婦の情報、本人が33～48歳までの運勢を表しています。日柱は自分の結婚相手を意味するので、夫妻宮ともいいます。時柱は、人間の足、子供の情報、本人が48～64歳（晩年期）までを表し、子供に関することを占うので、子女宮（子供宮）ともいいます。

このように年齢、身体の部位、六親関係などを四柱で明確に分けるのは、盲派四柱推命の特徴です。年柱は1～16歳、月柱は17～32歳、日柱は33～48歳、時柱は48～64歳という年齢域を、盲派四柱推命では「限《げん》運《うん》」と言います。

そして、盲派四柱推命が伝統派四柱推命と大きく違う点は、神煞を用いることです。神煞とは、天干地支の中に存在している気場とエネルギーのことであり、吉の要素を神といい、凶の要素を煞といい、これを合わせたものです。

神煞を実占で使用する際に気をつけるべき点としては、単純に、吉神があれば吉、凶煞があれば凶と判断するのではなく、あくまでも命式の喜忌と組み合わせながら判断するものであり、神煞には両面性があるということです。なぜなら、神煞は、異なる時間と空間の中で、運命に対する影響はそれぞれ違うからです。

コラム 「象五行」とは何か？

本文の中で、「盲派四柱推命では、五行を正五行と象五行に分ける」と述べました。一般に使用されている五行は正五行のほうですが、盲派四柱推命では象五行という特別な概念も使用します。

象五行とは、八卦の回転によって天干地支の五行を本来の正五行から別の五行に転換する技法です。盲派四柱推命で、実際に象五行を用いて推命する場合、まず、天干地支の五行を動象五行と静象五行に分けます。象五行の応用は、主に動象五行の理に従います。動象とは、四柱推命の命式において、天干地支の間に冲、合、会、刑、害、墓、破の関係があるときに発生する変化によって、天干地支は本来の正五行を象五行に転換することです。静象とは、命式において、天干地支の間に冲、合、会、刑、害、墓、破の関係がなく、それぞれの天干地支が静止状態にあり、変化がない場合は、命式にある天干地支は本来の正五行を維持することです。

また、象五行で推命する場合、生まれ月とも関係します。例えば、日干戊土は寅、卯、辰、巳、午、未の月に生まれる場合は、命式に戊癸合があれば、ある法則によって、戊土は、正五行の土から象五行の木に転換します。申、酉、戌、亥、子、丑の月に生まれ、命式に戊癸合があれば、戊土は、正五行の土から象五行の金に転換します。実際に推命する際、戊土を「木」として見るか、「金」として見るかによって、当然、五行のバランスは違ってきます。ただし、象五行に転換したとしても、六親十神（通変）には影響しますが、五行の生剋制化については、通常の正五行であり、変わるところはありません。戊癸合は、あくまで戊土剋癸水の関係のままです。

　地支の間に、冲、合（支合、三合会局、三合半会）、方合会局（方合半会は象五行では使わない）、三刑、六害、六破の関係があると、象五行に転換します。例えば、命式の中に、寅木と亥水の半合があるなら、寅は正五行の木から象五行の土に変わるので、命式に土の力は強くなると判断します。

　象五行の実際の応用について、実際の例で説明をします。

【例】男性

	天干	地支
年	丁	巳
月	辛	亥
日	庚	午
時	己	卯

【分析】

1．年干丁火は、日干庚金から見て正官、月干辛金は日干から見て劫財、時干己土は正印です。地支の巳火は正官星で、亥水は傷官、午火は偏官、卯木は正財です。命式を見ると、庚金は日支の午火に剋され、月支の亥水に洩らされます。月干の辛金は庚金を助けることができますが、辛金は亥水を生して洩らされるので、庚金を助ける力は乏しいです。さらに、庚金は地支に通根しないので、日干庚金はかなり弱いと見ます。

2. 命式に巳火と亥水の冲があり、巳は正五行の火から象五行の木に変わるので、巳火は日干庚金から見れば財星に変わります。つまり、年柱丁巳は、正五行では火の力が強いですが、象五行の原理により、巳は木になり、木生火になるので、象法では、木の財星は丁火の官星を生じ、官星の力を増強し、金を剋する力が強くなります。亥水は、日干庚金から見て傷官であり、正五行では庚金の気を洩らしますが、巳火と冲、午火と暗合の関係ですから、亥水は本来の水から象五行の金に変わり、辛金と共とに日干庚金を助けることになります。辛金は月支が金に変わったことにより、金の力が強くなり、丁火に抵抗することができて、庚金を守ることができます。

3. 結婚運を象五行に基づいて分析すると、命式の中に、卯木は日干庚金の正財で、一回目の妻としまず。時柱己卯によって、妻の状況を分析することができます。卯木の上の己土は、妻の卯にとって、偏財であるので、妻は財を獲得する能力が高いと考えられます。時支卯木と日支午火は破の関係で、妻の卯木は日干庚金と仲が悪く、離婚で終わると判断できます。実はこの男性は、結婚してから二年後に離婚しました。二回目の妻については、巳火の象五行は木で、木は日干庚金から見て財星であるため、年柱の丁巳を二番目の妻として分析することができます。

4. 財運についても、象五行で分析することができます。時支卯木は正財で、日干庚金にとって、これを財の獲得手段とします。正財は給与（定期収入）です。卯木の上に己土があり、己土は日干庚金から見て正印で、この人の仕事の職種を意味します。象法では、己土の象は、花園の土、草原、田んぼ、焼き物などの象があるので、これらの象に関する仕事に従事すると考えられます。卯木と亥水と半合で、この仕事の給与は悪くないと判断します。己土は天干と合冲の関係にないので、己土は象五行に変わらず、土の五行を維持します。己土生庚金、仕事は楽で、大変なものではないと考えます。ただし、卯と午の破から、この仕事が好きではなく、結局、辞めてしまいました。巳火と亥水と冲の関係から、巳は正五行の火から象五行の木に変わるため、巳火は日干庚金にとって、財星となります。したがって、巳は次の仕事と判断することができます（もし卯と午の破でなければ、巳は副業と考えられる）。丁巳柱は、年柱であるので、大企業もしくは優良企業と判断します（象法では、年柱は国規模の大企業、大都市にある上場企業、大企業とする。月柱は地方の大企業、上場企業とする。時柱は地元の小さな企業、個人経営のような企業とする）。ただし、丁火は象五行に転換しないので丁火剋庚金、この仕事は、なかなか大変でプレッシャーがあると読みます。

このように、象五行を取り込んで分析すると、一気に判断の幅が広がります。盲派四柱推命において、象五行は秘伝の一つとされています。

第2章

盲派四柱推命の基礎知識

第1節　陰陽五行

易経では、宇宙間のすべてのものを陰陽五行に分類します。

陰陽は宇宙を構成する最も基本的な単位です。

四柱を構成する天干地支の文字も陰陽五行に分けることができます。

四柱で推命する際、まず八文字に含まれる陰陽五行の変化を捉え、命式全体の陰陽のバランス、一生を通しての陰陽バランスの変化を分析することで、過去と未来を推測するのです。

盲派四柱推命では、陰陽のバランスが整う年は、吉で、健康であると考えます。逆に、陰陽のバランスが崩れる年は凶で、病気や禍などが起こるとします。ゆえに、陰陽に対する正しい理解は極めて重要です。

1. 陰陽学説

易経は、すべての物事の生成、発展と変化は、陰陽二気の運動の中で起こると考えます。陰と陽は一つの物事の中に存在しながら、転換し続けます。

例えば、人が元気で生きている間は、陽の気のほうが陰の気よりも少々強いです。病気になると、体内の陰の気が陽の気を上回ります。死ぬと、陽の気は完全に消散し、陰の気だけになってしまいます。

人は起きている間、陽の気のほうが強いです。寝ている間、陰の気のほうが陽の気よりも強くなると考えます。陰陽二気は相生相剋しながら、互いに影響し合い、変化していく中で、万物は生成し、展開するのです。

一般的に、太陽に向く面を陽とし、太陽に背を向ける面を陰とします。この概念を基礎として、自然界のすべてを陰陽に分けるのです。

例えば、

太陽、明るい、光明、温かい、熱い、昼、春夏、男、雄、上向き、露出、表面、外部、成長、顕著、積極、情熱、対抗、強い、清潔などは陽に属します。

月、暗い、冷たい、寒い、夜、秋冬、女、雌、下向き、隠蔽、収縮、内部、消極、柔順、安静、忍耐、暗い、持続などは陰の性質です。

このような陰陽の変化によって、自然界と人間社会に対立と統合が生じてくるのです。春夏秋冬の交替、昼夜の転換、人の生老病死など、すべて陰陽の転換の結果です。

2. 五行学説

五行の「五」は、金、木、水、土、火という五つの物質を意味しています。「行」は、五つの物質間の運動変化のことです。五行説に最初の記載は、『尚書《しょうしょ》・洪範篇《こうはん》』[4]に見ることができます。盲派四柱推命では、五行を「正五行」と「象五行」に分けますが、『尚書』に記載されている五行は正五行のほうです。

また、正五行は、正体五行とも呼び、木、火、土、金、水の五つの自然元素は、互いに制約しながら転換し続ける、万物の生々流転の源です。四柱推命は正五行においては、甲乙寅卯は木に属し、丙丁巳午は火に属し、戊己辰戌丑未は土に属し、庚辛申酉は金に属し、壬癸亥子は水に属します。天干地支の間にどのような関係があっても、天干と地支の五行は変わりません（象五行については、10頁の「コラム」を参照のこと）。

3. 正五行の生剋制化

正五行（以下、五行）は、五行間の基本的な作用関係は、生剋制化の関係があります。五行の生とは、水生木、木生火、火生土、土生金、金生水です。五行の剋とは、水剋火、火剋金、金剋木、木剋土、土剋水のことです。こうした五行の単純な生剋の上に、さらに複雑な関係性がさまざまあります。

下記のいくつかの作用関係によって、五行は互いに制化することができます。制とは、強い方が弱い方を

4 『尚書』：儒教の経典。『書経』ともいい、夏王朝（紀元前1900年頃～紀元前1600年頃）・商王朝（紀元前1600年頃～紀元前1046年）・周王朝（紀元前1046年～紀元前256年）のことを記録した中国最古の歴史文献。「尚」は「上」の意で、「上古の本」という意味である。

制圧し、力量的に強い方に従う関係です。化とは、一方が、生剋と制の手段を用いて、完全にもう一方の五行の気を自分の利益のために「利用」することです。実は、盲派四柱推命は、五行の生剋よりも、この制化のほうを使って推命するという特徴があります。

⑴ **五行の反剋**：通常、金は木を剋しますが、木があまりに硬すぎる場合、金は欠けてしまいます。例えば、小さな刃物で硬い木を切ると、刃が欠けてしまいます。木剋土であっても、土があまりに固すぎると、木は折れてしまいます。種（木）をコンクリート（土）の下に埋めると、芽が出ることはないでしょう。土剋水も、水が強すぎると、土は流されません。土砂崩れがまさにそれです。水剋火も、火が強すぎると、水は蒸発します。火剋金で、金は火によって溶かされると言われていますが、硬くて強い金属は、簡単に火で溶かすことはできません。

⑵ **生じすぎると、逆に剋になる**：通常は水生木ですが、水が多すぎると、木が浮いて漂ってしまいます。植物に水をやりすぎると、根が腐って、死んでしまいます。木生火でも、木が強すぎると、火が消えてしまいます。焚き火をするときに、木を入れすぎると、せっかく点いた火が消えてしまうでしょう。火生土も、火が強すぎると、土は焦げてしまいます。土生金も、土が強すぎて、金が埋もれてしまい、表に出られなくなります。金生水も、命式に金が多すぎると、水の流れが塞がれ、濁りやすくなると考えます。例えば、金の性質は、硬直、強い、剛、殺伐、折れやすい等で、水の性質は、潤い、円滑、流動性です。命式に金が多くて水が弱い場合は、性格は硬直で、視野が狭く、度胸がない、強くて融通が利

かない、冷静さに欠ける、せっかち等の判断ができます。健康的にも、水に関する「血液、泌尿器科、膀胱や腎臓」に関連した病気が起きやすいと考えます。

(3) **洩らされすぎると剋になる**：金生水は、水が強すぎると、金が沈んでしまいます。どんなに大きな金属でも海に放てば、すぐに沈んで見えなくなるでしょう。水生木は、木が大きすぎると、少しの水では足りず、すぐになくなってしまいます。木生火は、火が強すぎると、木はすぐに燃やされ尽して不足します。火生土は、土が強すぎると、火は弱り、土生金は、金が強すぎると、土が弱ると考えます。

盲派四柱推命は、五行の生剋制化を看破し、強すぎる五行、弱すぎる五行、陰陽のバランスを整えることで「改運」しようと考えます。

陰陽五行は、すべての東洋占術の基礎であり、かつ、易経の魂です。完全に陰陽五行を理解できれば、究極の境地に達することができます。

さらに、五行の生剋についてもっと詳しく説明します。

4. 五行の生剋

五行の生とは、一つの五行が、もう一つの五行を助長し、促進する作用関係のことです。二つの五行は、生じる側（能動）と、生じられる側（受動）の関係です。能動側は自分の力が洩らされます。受動側は生じられることにより力が強くなります。また、生じる場合は、能動側と受動側の強弱をよく見ないといけません。能動側が強ければ、受動側を生ずる力も強く、受動側が受ける力も高まります。逆に、能動側が弱い場合は、受動側を生ずる力が弱いので、受動側にとって意味がないばかりか、能動側はダメージを受けます。したがって、つまり、生じられる側が極端に強い場合、生ずる側は、剋を受けるのと等しいことになります。

実際に推命する時、最初に天干地支の五行の強弱をよく分析することはとても重要です。

五行の剋とは、一方の五行が、もう一方の五行に対し、制約、抑制、約束することです。剋することにも、剋する側（能動）と、剋される側（受動）があります。能動側は相手を剋することで、自分のエネルギーが消耗してしまいます。受動側も剋されることにより、自分のエネルギーが弱まります。能動側の力が受動側の力を上回る場合、受動側はダメージを受けます。受動側の力が能動側よりも大きい場合、能動側はダメージを受けます。二つの五行の力がほぼ互角の場合は、共にダメージを受けることになります。

これは、盲派四柱推命の重要概念です。

5．五行の旺相休囚死

五行の旺相休囚死は、五行の旺衰を決める決定的な要因であり、盲派四柱推命と伝統派四柱推命共に、重視する要素です。五行の旺衰（強弱）を正確に決めることは、それぞれの大運と流年の吉凶判断の重要なポイントとなります。五行の旺衰の判断は、生まれた月によって決まります。生まれ月がどの季節であるかに

表1　五行旺相休囚死

季節＼五行	木	火	土	金	水
春	旺	相	死	囚	休
夏	休	旺	相	死	囚
秋	死	囚	休	旺	相
冬	相	死	囚	休	旺
四季	囚	休	旺	相	死

よって、五行の寒暖燥湿の性質が違うので、これに基づいて五行の旺衰を判断します。盲派四柱推命と伝統派四柱推命の共通点は、日干を中心として判断することです。日干（命主）が春夏秋冬のどの月に生まれるかは、推命する際の第一歩となります。

五行の旺相休囚死は、表1のとおり、盲派四柱推命、伝統派四柱推命、日本の四柱推命において相違する点はないので、解説は割愛します。

第2節　十天干

天干地支は、古代中国で年月日時を記録するために作られた符号です。「干」という文字は、「天の中心」といった意味で、動態的な状態を司ります。一方、「支」は、「枝」からきており、支える意味です。天干地支は、陰陽五行と同様に重要です。

1. 天干

天干は全部で十個あります。甲（1）、乙（2）、丙（3）、丁（4）、戊

（5）、己（6）、庚（7）、辛（8）、壬（9）、癸（10）の十個です。

(1) 天干の陰陽

天干はまず陰陽に分けられます。甲、丙、戊、庚、壬は陽天干で、乙、丁、己、辛、己は陰天干です。数字で言えば、1、3、5、7、9が陽で、2、4、6、8、10が陰です。

(2) 天干と五行、方位との関係

十天干はそれぞれの五行に属します。
甲、乙は「木」に属し、甲は陽木、乙は陰木です。方位は東。
丙、丁は「火」に属し、丙は陽火、丁は陰火です。方位は南。
戊、己は「土」に属し、戊は陽土、己は陰土です。方位は中央。
庚、辛は「金」に属し、庚は陽金、辛は陰金です。方位は西。
壬、癸は「水」に属し、壬は陽水、癸は陰水です。方位は北。

(3) 天干と四季との関係

甲、乙は春に属し、万物が蘇って、成長する意味。
丙、丁は夏に属し、太陽が万物を照らす意味。
戊、己は、それぞれの四季の最後の月であり、木、火、金、水の庫です。

庚、辛は秋に属し、陰気が発生し始めて万物の成長が停滞する意味。

壬、癸は冬に属し、万物の終焉であり、収蔵する意味。

(4) 天干と色の対応

甲、乙：青　丙、丁：赤　戊、己：黄
庚、辛：白　壬、癸：黒

(5) 天干と内臓の対応

甲：胆のう　乙：肝臓　丙：小腸　丁：心臓　戊：胃
己：脾臓　庚：大腸　辛：肺　壬：膀胱　癸：腎臓

(6) 天干の生剋制化

天干と天干の間には、生剋する関係以外に、当然、制化の関係もあります。盲派四柱推命は、天干地支の生剋制化から何が起きてくるか？　と考えます。

例えば、年の天干（年干）が甲木、月の天干（月干）が丁火、日の天干（日干）が戊土としましょう。年干生月干（木生火）、月干生日干（火生土）で、年→月→日の順番で生じています。

例えば、年干が丁火、月干が甲木、日干が戊土の場合は、丁火と戊土の間に甲木が挟まっているので、甲木（月干）は戊土（日干）を剋しながらも、同時に甲木（月干）は丁火（年干）を生じることもできます。

甲木（月干）が戊土（日干）を剋していますが、丁火（年干）がありますので、一見、甲木→丁火→戊土と通関できそうなものですが、丁火と戊土の間に甲木が挟まっていますので、戊土に対する丁火の力量は小さく、丁火は通関できず、甲木の力を利用して、戊土の利益にすることはできないのです。

⑺　天干の相生

甲乙木生丙丁火、丙丁火生戊己土、戊己土生庚辛金、庚辛金生壬癸水、壬癸水生甲乙木。

天干の生について、盲派四柱推命は伝統派四柱推命との考えは違います。盲派四柱推命では次のように考えます。

①隣同士の生は一番強いです。距離が近いほど、強く作用します。距離が遠くなれば、作用は弱くなります。例えば、年干生月干の力は、年干生日干の力より強く、年干と時干の作用は最も弱くなります。

②陽天干生陽天干、陰天干生陰天干は、同性の生といいます。陽天干生陰天干、陰天干生陽天干は、異性の生といいます。同性の生は、異性の生より力が強いです。例えば、甲木生丙火の力は、乙木生丙火の力より、はるかに強いです。丁火生戊土の力は、丁火生己土の力より、はるかに弱いです。このような考えは、実際に推命する時、命主の性格や健康状態などの判断にとても役に立つものです（日本の四柱推命では、例えば、「丙火は、丁火よりも強い」というように、単純に陽が強く、陰が弱いと理解されていることが多いが、そうではなく、陽が陽に作用する力、陰が陰に作用する力は強く、陽が陰に作用

する力、陰が陽に作用する力は弱いという意味で、異なっている)。

(8) 天干の相剋

甲乙木剋戊己土、戊己土剋壬癸水、壬癸水剋丙丁火、丙丁火剋庚辛金、庚辛金剋甲乙。

①剋し・剋される関係は、どちらにもダメージがありますが、一般的には、剋する側のほうがダメージは小さく、剋される側はダメージが大きいです。しかし、実際に推命する際、両者の力関係により、そのとおりにはならないので、丁寧に見ていく必要があります。

甲木剋戊土を例として、甲木の力が戊土より強い場合は、戊土はひどく傷を受けます。考えられることとしては、皮膚や胃腸の病気になるとか、甲木の力が極端に強い場合は、戊土は使い物にならなくなるので、胃腸に関する不治の病になると判断できます。

甲木と戊土の力がほぼ互角なら、互いにダメージを受け、甲木が戊土よりはるかに弱くなってしまうと、逆に甲木がダメージを受けますので、骨筋の怪我や肝胆に関する病気になると判断します。

②陽天干剋陽天干、陰天干剋陰天干は、同性の剋といいます。陽天干剋陰天干、陰天干剋陽天干は、異性の剋といいます。同性の天干の剋は、異性の天干の剋より破壊力が強いです。異性の天干の剋は破壊力が弱いです。

⑼ 天干の冲

冲は、二つの同性の天干の剋である。冲は、二台の車が真正面から衝突するようなもので、冲の力はとても強く、二つの天干共にダメージを受けます。天干の冲は、四組あります。甲木と庚金の冲、乙木と辛金の冲、壬水と丙火の冲、癸水と丁火の冲です。

⑽ 天干の五合

天干の干合は、全部で五組あります。甲己合、乙庚合、丙辛合、丁壬合、戊癸合です。

多くの四柱推命の本には、天干五合について、「命式に甲と己があれば土に合する」と書かれていますが、盲派四柱推命では、「合化《ごうか》」と「合拌《ごうはん》」の区別があり、これを歴代の盲派の先生は、入門した弟子にのみ、しかも口頭でしか伝授しないほどの秘伝として重視してきました。

①例えば、命式に甲と己があるとして、通常、甲己は土に化すわけですが、甲己が土に化す条件は、生まれ月の十二支が、辰・戌・丑・未のいずれかでなくてはなりません。

つまり、生まれ月の十二支の本気が、「化していこうとする」五行と同じでなければならないということです。甲申月己未日の場合、甲己は「土」に化していこうとしますが、申月の本気は「金」ですので、甲己の干合は成立できず、合拌となります。

辛亥年丙申月の場合、辛と丙は「水」に化していこうとしますが、申月は本気が「金」ですので、辛丙の干合は成立せず、合拌となります。

戊午月癸卯日の場合、戊癸は「火」に化していこうとしますが、午月は本気が「火」ですので、戊癸の干合が成立し、これを「合化」と呼び、合化が成功する四柱は、化気格《かきかく》といいます。化気格が成格する四柱は、きわめて少ないものです。

一般的な四柱推命と同様に、合化すると、二つの異なる天干が一つの五行になります。しかし、通変星に関しては変化しません。

②干合の、二つの天干は必ず剋の関係です。例えば、甲己は、甲木剋己土の関係です。

もし、甲己が合化して土になれば、甲木は土に変わるので、甲木に大きなダメージがあります。

乙庚合化金では、乙木が大きなダメージを受けます。

丙辛合化水では、丙火・辛金共に本来の五行を失って、どちらもダメージを受けます。

丁壬合化木でも、丁火・壬水共に本来の五行を失って、どちらもダメージを受けます。

戊癸合化火でも、戊土・癸水共に本来の五行を失って、どちらもダメージを受けます。

したがって、実際に推命する場合、合化が成立するか否かを明確に判断し、もし、合化するなら、二つの天干の五行がどのように変化するかを把握し、ダメージを受ける天干をハッキリさせる必要があります。ダメージを受ける天干に関する怪我・病気・身体の傷が実際に起きやすいからです。

例えば、丙辛合化水が成立した場合、丙・辛は、共に水に変わります。合化された水は、辛金の気を漏らして弱め、水は辛金に生じられるため強まり、強まった水は丙火を剋することになります。そこで、他の五行関係から、丙や辛が極端に弱まるようであれば、丙（小腸）や辛（肺）に病気が起こると判断できます。

③合拌とは、互いに合しながら邪魔しあう意味であり、合化が成立しない場合のことです。例えば、命式に甲己があっても、辰・戌・丑・未月に生まれなければ、甲己合化土は成立しないと先に説明しました。合化が成立しなければ、合拌は単なる剋の関係になります。甲己なら、甲木は己土を剋します。この剋を「合剋」といいます。もちろん、甲木は土に変わることはありません。

甲木の力が己土よりも強い場合は、己土はダメージを受けます。

逆に、己土の力が甲木よりも強ければ、甲木がダメージを受けます。

もし、合剋が命式にあるなら、合しながら剋するので、一生縛られ、離れない状態でありながら、ずっと剋する関係を持つのです。

⑾　十天干の主な象

盲派四柱推命と伝統派四柱推命との最も大きな違いは、盲派四柱推命は「象法」を用いることです。五行の象や、天干地支の象を自在に使います。

天干の雑象は次のとおりです。

①**甲木**：陽の木、大きな樹、雷、ビル、電信柱、タワー、神棚、役所、リーダー、仁慈、敦厚、魚料理など。甲木人は、人を管理する能力がある。管理役にふさわしい、束縛されたくない性格。人の身体の胆

のう、頭、足などの四肢、腕など。

②乙木：陰の木、風、花草、花園、陰性の植物、延々と連なって屈折したもの、衣服、織物、インターネットなど、陰性の植物、縫製業に従事する人。性格では、慈善、優しい、温厚、忍耐強い。人の身体では、肝臓、腕、足、肩、腰など。

③丙火：陽の火、太陽、大きな火事。光明、暖かい。俳優の名声。性格では、礼儀正しい、短気、情熱的、熱心さ。人の身体では、目、心臓、小腸、血液など。

④丁火：陰の火、星の光、月の光、ろうそくの火、電灯、ライター、コンロの火など。新聞、書籍、文字、マスコミ、映画、ドラマ、画鋲、釘など。礼儀正しい、短気。人の身体では、目、心臓など。

⑤戊土：陽の土、霞、高い山、険しい山、谷間、墓、ビル。陶器、磁器、コンクリート、鉱物など土に関するもの。おとなしい、温厚、忠誠。人の身体では、大きな筋肉、皮膚、胃、鼻、顔など。

⑥己土：陰の土、雲、平原、凹みの地、草原、花園の土、粉、塗料、コンクリート、小さな陶磁器製品。性格では、慎み深い、気が弱い。人の身体では、脾臓、臍、顔、小さな筋肉、靭帯、脇下、鼻の孔など。

⑦**庚金**：陽の金、頑鉄、大きな金属、鉄鉱石、大きな金属製の建物。庚金は火で鍛錬することが望ましい。同時に水も必要。ふさわしい仕事は、殺気のある仕事、軍人、警察、裁判所や司法に関する仕事。やくざ、武器、道路など。剛直、まっすぐ、短気、率直、果断、殺伐、仁義など。人の身体では、大腸、臍、筋、骨など。

⑧**辛金**：陰の金、金属製のアクセサリ、宝石、小さな金属物、針、ナイフ、はさみ、釘、手錠、遺骨、医薬、医者、針灸、新しいことなど。辛金は水を好む。果断、殺伐、仁義など。人の身体では、肺、骨、胸など。

⑨**壬水**：陽の水、流動の水、流行、習慣、海、大きな川、湖、土砂降り、大雨、流れる水に関するすべての事柄。ふさわしい仕事は、船舶業、運輸業、水産業、流通業、銭湯、水に関する職業、リスクの高い職業など。聡明、智慧がある、闊達《かったつ》、変化しやすい、腹黒いなど。人の身体では、膀胱、脛、血液循環、脳など。

⑩**癸水**：陰の水、霜、露、小雨、井戸水、流動しない水、涙、汗、精液、生理、恥すべき内緒事、占いに関すること、霊能者など。日干が癸水の人は易経、宗教に向いている。日干が癸水で、弱い人は、霊に遭いやすい。聡明、腹黒い、表には出ないが、実は考え事が多い。人の身体では、腎臓、血液、体の分泌物、足など。

第3節　十二地支

地支は十二支というだけあって、十二個あります。

子（1）、丑（2）、寅（3）、卯（4）、辰（5）、巳（6）、午（7）、未（8）、申（9）、酉（10）、戌（11）、亥（12）です。

1．地支の陰陽：十二地支は陰陽に分けられる

陽：子、寅、辰、午、申、戌
陰：丑、卯、巳、未、酉、亥

2．地支と五行、方位との関係

亥、子は「水」に属し、子は陽水、亥は陰水です。方位は北。
寅、卯は「木」に属し、寅は陽木、卯は陰木です。方位は東。

巳、午は「火」に属し、午は陽火、巳は陰火です。方位は南。

申、酉は「金」に属し、申は陽金、酉は陰金です。方位は西。

丑、辰、未、戌は「土」に属し、辰、戌は陽土、丑、未は陰土です。

丑、辰、未、戌は、春夏秋冬のそれぞれの最後の月になるので、四季土ともいいます。方位は中央。

3．地支と四季の関係

春：寅、卯、辰　夏：巳、午、未
秋：申、酉、戌　冬：亥、子、丑

4．地支と色との関係

寅、卯：青　巳、午：赤　申、酉：白
亥、子：黒　丑、辰、未、戌：黄

5. 内臓との関係

子：膀胱　丑：脾臓　寅：胆のう　卯：肝臓　辰：胃　巳：心臓

午：小腸　未：脾臓　申：大腸　酉：肺　戌：胃　亥：腎臓

6. 地支の相生

亥子水　生　寅卯木

寅卯木　生　巳午火

巳午火　生　丑辰未戌土

丑辰未戌土　生　申酉金

申酉金　生　亥子水

7. 地支の相剋

亥子水　剋　巳午火

巳午火　剋　申酉金

申酉金　剋　寅卯木
寅卯木　剋　丑辰未戌土
丑辰未戌土　剋　亥子水

8. 地支の生剋制化よる作用関係

地支の生剋に対する考えは、天干と違います。天干の生剋は、四柱の距離の遠近によって影響が違いましたが、地支の場合、距離よりも、「関係性」のほうがもっと重要です。地支の作用関係は非常に複雑なので、詳細に理解しておかないと、実占に使えません。

地支の関係は、冲、合（支合、三合会局、半三合、暗合）、方合（三会）、刑、害、暮、破です。害については、伝統派では「害」といいますが、盲派四柱推命は、「穿《せん》」といいます。しかし、本書では、馴染みのある「害」としておきます。

命式に、上記の七つの関係があれば、さまざまな変化を生じます。作用関係がなければ、ただ五行の生剋があるだけです。

9. 地支の冲

地支の冲は、地支六冲ともいい、冲の力はかなり強く、受ける衝撃もとても大きいです。地支の冲は六組があります。子午冲、丑未冲、寅申冲、卯酉冲、辰戌冲、巳亥冲です。地支六冲は、丑未冲と辰戌冲は同じ土の冲ですが、ほかの四組の冲は、剋の関係です。命式に冲の組み合わせがあれば、大運と流年の影響も加わり、本人は不安定になると考えます。

例えば、命式に寅木と申金の冲がある場合は、寅もしくは申の大運や流年がくると、命式中の寅もしくは申が起動するので、寅申冲が強く出ます。大運と流年に巡ってこない場合、寅申冲はただ形だけ存在しているようなもので、眠っているような状態で、作用しません。

(1)子午冲：力関係が同じなら、午火はダメージを受けます。子水の力が、午火よりはるかに大きい場合は、午火は完全に消えてしまい、ダメになります。目や心臓、血管に関する病気をしやすいです。性格としては、礼儀正しくない、気が弱いなどと考えます。午火の力が子水よりも、はるかに大きい場合は、子水はダメージを受けるので、腎臓や膀胱、血液に関する病気になりやすいです。賢くない、意地っ張り、常に自分が正しいと思い込む、高望みをするような性格になります。

(2)丑未冲：土同士の冲ですので、二つ共に受けるダメージは小さいです。土と土の冲では、強い方が弱い方を制圧するといったことはありません。ただし、土は湿土と燥土に分けられます。丑と辰は湿土で、未と戌は燥土ですが、丑が未より強い場合は、湿土は燥土を制圧します。未が丑に勝る場合、燥土が湿土を制圧すると考えます。

⑶寅申冲：基本は申金剋寅木なので、力関係が同じである場合は、寅木がダメージを受けます。申金の力が寅木の力よりはるかに大きい時、寅木はすっかり生気を失い、完全にダメになります。寅木と甲木と同じ象（寅は甲の禄）ですので、甲の意味する頭や大きな骨（例：腕や足の骨、肋骨など）の怪我をします。また、胆のうの病気になりやすく、髪の毛が少ないなどと考えます。寅木が申金よりはるかに強い場合、申金はダメージを受けます。金は骨や脊柱、関節などですから、こうした箇所に怪我や骨折をしやすいです。大腸や肺に関する病気もしやすいです。ほかに、象法では、寅は車の象があります。申は道路、伝送、運送の象があるので、寅申冲は交通事故を意味します。したがって、命式に寅申冲の組み合わせがある人は、大運と流年が巡るとき、交通事故に遭いやすいのです。

⑷卯酉冲：力関係が同じ場合は、酉金剋卯木で、卯木はダメージを受けます。酉金の力がはるかに大きい場合、卯木は完全にダメになります。卯木は小さな骨、例えば指の骨、関節、軟骨などのほか、中枢神経、肝臓も意味しますので、ダメージを受けると、これらに関する病気や怪我をします。卯木が酉金よりはるかに強い場合は、卯酉冲の組み合わせがあれば、酉金はダメージを受けます。酉金は小さな骨、鼻梁骨、歯、腰椎、大腸を司るので、これらに関する病気や怪我になります。

⑸辰戌冲：土と土の冲ですので、二つ共に受けるダメージは小さいです。

⑹巳亥冲：力関係が同じ場合は、亥水冲剋巳火で、巳火がダメージを受けます。亥水がはるかに強い場合、

巳火は消えてしまうので、まったく使いものになりません。巳火には、顔面神経、視力、目、心臓、小腸、肛門などの象があるので、これらに関する病気になりやすいです。巳火がはるかに強い場合、亥水がダメージを受けます。血行不良、めまいなどの症状が起きやすく、腎臓や膀胱、婦人科に関する病気になりやすいです。

【実例】男性

年	丁	巳
月	辛	亥
日	庚	午
時	壬	午
	天干	地支

①年柱丁巳柱は干支共に火、日支午と時支午も火ですので、亥水月生まれとはいえ、火は強いです。時干・壬水は月令亥水に通根し、月干辛金に生され、日干の庚金も午亥暗合によって亥水を生じます。したがって、水の力も非常に強く、水火の戦いは明らかです。

②年支巳火と月支亥水が冲します。午火と亥水は暗合です。日支午と時支午は自刑です。四つの地支は冲剋の関係しか持たず、水火の戦いによって火が受けるダメージが大きいので、眼病と心臓病となります。

10. 地支の合

地支の合は、支合（六合）、三合会局、半三合、暗合があります。合とは、結婚、協力、契約などの意味があります。支合は陰陽の組み合わせなので、結婚や契約などを表します。三合は陽と陽、陰と陰の合で、協力、同盟を表します。暗合は、ひそかに合し、表に公開されない合を意味します。

(1)**地支六合**：地支の合も天干と同じで、合化します。しかし、地支合化するのは、この　支合（六合）だけです。

①**子丑合化土**：子丑合化するためには、まず、子と丑が必ず隣り合う必要があります。

例えば、年支が子、月支が丑という具合です。天干に戊土か己土がある、もしくは甲己合がある場合は、合化できます。

子は水、丑は土で、子丑合は泥の象になります。丑土は子水を合剋します。水は流れる象で、土はせき止めますので、子丑の合は、水の流れをせき止める象です。性格としては、やる気がないと考えます。結婚を判断する時、夫婦は離婚しないものの、仲が悪いと判断します。

丑土が、子水より強い時、合剋子水で、子水は丑土に従い、土に変わります。これを合化といいます。逆に、水が丑土より強い場合、子水の大運と流年が巡ると、子水が一気に強くなるので、子水が丑土を合制します。例えば、乙日干にとって丑土は偏財ですが、偏財は父親ですから、丑土が子水に合制されると、父親に大きな災いが及びます。ひどい場合は、亡くなります。これを合去といいます。

②**寅亥合化木**：亥水は寅木を生ずるので、寅亥の合は、生合といいます。亥水は寅木に洩らされるので、亥水はダメージを受けます。寅亥合化木の条件としては、二つの地支が隣り合う必要があり、さらに、寅月と卯月である必要があります。天干に甲木か乙木があるか、もしくは丁壬合があるときに合化できます。

③卯戌合化火：卯戌合は、草木が燃える象です。卯は小さな草木、戌は火の庫です。卯木剋戌土で、合剋といいます。戌土が弱い場合、完全に卯木に合制されます。戌土がはるかに大きいとき、卯木を合制します。卯木と戌土が力量的にほぼ同じである場合は、合拌となります。卯戌合化できる条件は、卯と戌が隣り合い、命式に巳火か午火、丙火か丁火のどちらがある、もしくは天干に戊癸の合があることです。

④辰酉合化金：辰土生酉金となり、辰土は洩らされるため、ダメージを受けます。命式の土があまりに強く、金が極めて弱い場合、土は金を覆い、埋もれさせるので、酉金の光沢が消えます。辰土が酉金より大きい場合は、合拌です。辰酉合化金の条件は、まず辰と酉が隣り合い、命式に申金か酉金、庚金か辛金のどちらがあるか、もしくは天干に乙庚合があることです。

⑤巳申合化水：巳火剋申金で、合剋の関係です。巳は火で、炎上する象があります。申は金で喧嘩の象があります。命式に巳申合がある人の結婚生活を判断する時、夫婦は意見が合わず、常に喧嘩するものの、しばらく離れていると互いに思い合うようになるといった形になります。巳と申は合の関係以外に、刑の関係でもあるので、刑合とも呼ばれます。巳と申が力量的にほぼ同じの場合、申金はダメージを受けます。申金が巳火よりはるかに強い場合、申金は巳火を合制します。巳申合化水になると、巳火と申金どちらも本来の五行から異なる「水」に変わるので、二つともダメージを受けます。巳申合化水の必要条件は、まず、二つの地支が隣り合うほか、命式に亥水か子水、壬水か癸水のどちらがある、もしくは丙辛合があることです。

⑥午未合化土：午火生未土となり、午火が洩らされるため、ダメージを受けます。火があまりに強い場合は、土は激しく燥土となるので、いいことがありません。逆に、土が火より、はるかに強い場合、火は

消えてしまうので、心臓や脳の血管や、目に関する病気になります。午未合化土の条件は、二つの地支が隣り合い、巳火か午火、丙火か丁火のどちらかがある、もしくは天干に戊癸合があることです。

⑵地支三合：三合会局は、三つの地支の合です。

①申子辰三合水局：申は水の長生、子は水の帝旺、辰は水の墓庫。三合が揃うと、申子辰は水となります。三合の十二支と冲する地支は、かなりダメージを受けます。

例えば、命式に申子辰三合水局があり、さらに寅木がある場合、申は子と辰と力を合わせて寅を冲するので、頭や胆のうの病気があると判断できます。

②亥卯未三合木局：亥は木の長生、卯は木の帝旺、未は木の墓庫です。

③寅午戌三合火局：寅は火の長生、午は火の帝旺、戌は火の墓庫です。

④巳酉丑三合金局：巳は金の長生、酉は金の帝旺、丑は金の墓庫です。

⑶暗合：暗合は盲派特有の概念です。暗合は三組あります。寅丑暗合、午亥暗合、卯申暗合です。暗合は、ひそかに結びつく、協力する、手を組む、公にできない連携と考えます。暗合には、合化や合拌などの考えがなく、二つの地支は合の関係を持つだけです。例えば、命式に財星の暗合があれば、裏の収入があると考えます。男性の命式にあれば、妻が不倫をする可能性があります。女性の命式に、官星の暗合があれば、夫が不倫をする可能性があります（ただし、暗合は一つの判断条件にすぎず、暗合があるか

ら不倫だと軽率に判断することはない）。

例えば、日柱が甲午で、ほかの柱に亥水がある場合、亥水は甲木の印星です。午亥の暗合の象はこのように考えます。印星は自分の家です。甲木は自分の思想（自分が望むこと）で、これが印星亥水と暗合するということは、隠れる家があると考えます。

ほかには、印星は学歴です。暗合というのは、正々堂々ではなく、何かの手段によって学歴を取得したと考えます（裏口入学やカンニングで合格したなど）。さらに、印星は母親です。印星暗合を命式に持つ人が私生児であることを意味していることもあります。

11. 地支三会

方合（三会）とは、三つの地支がチームを組んで、一つの五行の気になることです。その力量は、支合（地支六合）や三合会局よりはるかに大きいものです。

(1)**亥子丑三会北方水局**：水になります。命式に未土があれば、丑土は、亥水と子水と協力して、未土を冲するので、未土はひどくダメージを受けます。巳火がある場合は、亥水は子水・丑土と協力して巳火を冲し、巳火はかなりダメージを受けます。午火があるときも同様です。

(2)**寅卯辰三会東方木局**：木になります。

⑶巳午未三会南方火局：火になります。命式に子水もしくは亥水があると、水火の戦いになります。巳午未三会火局が、ほかの三会と違うところは、丑土がある時、未土冲丑土の関係はあるものの、火が土を生ずるので、丑土の受けるダメージは小さいです。

⑷申酉戌三会西方金局：金になります。命式に寅木もしくは卯木があると、三会に冲されることによって、肝胆の病気や骨に関する怪我があると判断します。ほかに、命式に申酉戌三会金局は卯木を冲する形となれば、卯木は金の偏財ですから、年柱もしくは月柱に卯木がある場合は、本人は必ず父親を剋し、苦しめます。しかも、卯戌合でもあるので、父親は災いから逃げようとしても逃げられない状態になります。また、財星は妻ですから、男性の命式に、金剋木を通関する水がなければ、妻を剋し、ひどく苦しめます。妻が救われる方法は離婚ありません。離婚しなければ、妻は長患いの病気となり、酷い場合は、事故や病気で早逝します。

12. 地支三刑

刑とは、懲罰、傷害、犯罪によって懲罰を受ける意味があります。地支の刑はほとんど凶です。刑は以下のようになります。

(1)子卯の刑：子水は卯木を生じます。子水は陽水で強い水です、卯木の根を壊してしまうので、互いに傷害する関係となります。子水は母親、卯木は息子なので、子卯刑を持つ人は、恩知らず、不道徳、礼儀がないと考えます。また、しばしば、意図的に挑発的なことをします。

(2)丑刑未、未刑戌、戌刑丑：三つの土は互いに刑罰します。たとえてみれば、兄弟の仲が悪くて常に喧嘩している状態に似ています。命式に丑未戌が揃い、さらに土が忌神の場合、薄情で、普段は仲が良くても何らかの利益が絡むといきなり反目することがあります。ちょっと変わった性格かもしれません。逆に、土が用神の場合、情が篤く、兄弟姉妹や友達にとても良い存在と考えます。ただし、三刑は災いですから、命式、大運、流年に丑未戌三刑が揃うと、友達や兄弟のせいで悪いことに巻きこまれ、場合によっては犯罪を起こすこともあります。健康面では、丑未戌三刑を持っている人には胃腸の病気があります。

(3)寅巳申三刑：寅木生巳火、剋申金、申金が寅巳より弱いと、巳火は寅木の助けを得て、申金を制圧します。逆に申金が強ければ、巳火がダメージを受けます。寅巳申三刑がある人は、強さを笠に着て弱い者をいじめる、もしくは、ヤクザのような人になります。良い面では、義理人情を重んじるような人です。

(4)辰辰、午午、酉酉、亥亥は自刑：自刑とは、自分が自分を困らせます。軽率、陰険などの意味です。自刑の象は、自分で自分の身体を傷つけることです。性格は風変わりで、うつ病になりやすいです。

13．地支六害

害（地支六害）は、盲派では非常に重視されます。害は真正面から六合の組み合わせを破壊するのではなく、裏から破壊する意味なので、防ぐことが難しく、害は冲より被害が大きいです。先述したように、六合は結婚、契約などを意味しますが、害によっていったん破壊されると、敵になり、恨みを持つので、回復できません。例えば、子丑合は、陰と陽の合で、男女の結婚のような結びつきです。しかし、そこに未が加わって子と未の害が成立すると、丑を冲去してしまうので、子丑の結婚が破壊され、子は未に対して恨みを持ちます。

また、午が加わって、丑午の害が成立すると、午は子を冲し、子丑の結婚を解消してしまうので、丑は午に対し恨みを持ちます。したがって、古代中国では、男女が結婚する際、四柱推命で二人の相性を判断し、最初に確認するのが害でした。例えば、女性の命式の中で、官星にあたる柱の地支と、日支との間に、害があって、さらに納音の五行において日柱と剋関係にある場合は、結婚はうまくいかないと判断します。害は六組あります。

⑴子未害：子供や親族に不利なことがあります。

⑵丑午害：火土が旺盛であると怒りっぽく、忍耐力が足りない性格となります。場合によって、身体に障

害が起こる恐れがあります。

(3)寅巳害：寅と巳の関係は害であり、刑でもあります。違法なことをして罰則を受ける恐れがあります。健康面では、血圧や血液に関する病気の恐れがあります。

(4)卯辰害：卯木剋辰土で、後輩が先輩をいじめる意味があります。

(5)申亥害：申亥の害は、表では申金生亥水、裏では互いに競争し合います。

(6)酉戌害：戌土生酉金です。ただし、戌土は燥土であるが、燥土は金を生せずに金を傷つけ、折る性質があります。命式に酉戌害があると、嫉妬する性格と考えます。

14. 墓庫

四柱推命の墓庫は、収蔵、得る、占有する意味となります。盲派四柱推命において、墓庫の使用は非常に複雑です。単純に、未は木庫、戌は火庫、丑は金庫、辰は水庫ということだけでなく、入庫、出庫、庫を閉める、庫を開けるなどさまざまな考え方があります。ここで墓庫について簡単に紹介します。

⑴墓庫の蔵干：墓庫の中にどのようなものを収蔵しているかは大事です。墓庫に閉じられているものは、外に出さない限り、本人は使えませんので（財、官、印）、命式に有ってもないのと同じです。墓庫の蔵干が天干に出ると、外に出され、本人が使えると考えます。例えば、日干が庚金で、命式中に辰庫があるとします。辰は日干の食傷庫となります（辰は子辰申の三合の一支なので、水であり、庚金にとっては食傷である）。辰の蔵干は、戊土、癸水、乙木です。日干の庚金にとって、戊土は偏印、癸水は傷官、乙木は正財です。辰庫を開けることができず、天干にも蔵干地支がない場合は、戊土、癸水、乙木を庫から出すことができないので、思索・技術・財運に関してはうまくいかないと考えます。辰庫の蔵干が天干に出ると、日干は戊土、癸水、乙木に関するものは得られると考えます。

⑵盲派の庫を閉じる理論：命式に支合・三合・半三合がある場合、庫は常に閉じて開かない状態ですので、庫の中の蔵干は外に出られず、使えないのです。例えば、倉庫のドアに鍵がかかって開けられないのと同じ状態ですから、鍵があれば、ドアを開けることができます。ドアを開けるために、冲、刑、破、害が必要です。例えば、命式に辰酉合があり、辰庫はいつも閉じていますが、戌の大運か流年、あるいは卯の大運か流年が巡ると、辰戌冲もしくは卯酉冲によって、庫が解錠され、ドアを開けることができます。ただし、冲によって、この中のもの（蔵干）はダメージを受けることもあります。

⑶天干の入庫：収蔵、貯蓄、束縛される、コントロールされる意味です。したがって、命式に庫がある場合は、庫にあるもの（蔵干）は、生まれつきの所有物と考えます。しかし、自分が使えるか否かについ

ては、庫を開けることができるかどうかによります。例えば、男性の食傷・財星がすべて入庫している場合、一生独身かもしれません。庫を開ける大運と流年が巡るとき、結婚するチャンスがありますが、庫が閉じている時期は期待できません。女性の場合、財星・官星がすべて入庫していれば、結婚は難しいでしょう。

15. 地支の破

破とは、破壊、取り除くの意味です。ほかに、植物の芽が土を破って成長する意味もあります。子酉破、丑辰破、寅亥破、卯午破、巳申破、未戌破の六組ですが、寅と亥、巳と申は支合として見ることが多く、未と戌は三刑で論ずることが多いので、実際の破は子酉破、丑辰破、卯午破の三組しかありません。

第4節　天干地支の生剋路線

天干と地支は、必ず生剋路線に従って生剋のエネルギーが流れます。例えば、対面交通の車線の間に中央分離帯があれば、対向車が衝突することはないでしょう。このように衝突のリスクがない状態と、生剋路線がないことは似ています。生剋路線があるということは、中央分離帯が取り払われたような状態です。

盲派における生剋には、本当の生剋と、気勢上（見かけ）の生剋があります。マラソン選手が大会で走っているとき、観戦する人たちは「がんばれ、がんばれ」と励ましますが、実際に選手を助けるわけではありません。一方、選手に誰かが水を渡すなら、実際に助けることになります。水を渡すことは、選手にとって「本当の生」であり、「がんばれ」と励ますことは、「気勢上の生」にあたります。

一例を挙げると、命式に子水と寅木があるとします。ただ、子・寅があるだけでは、「形だけ」の生じる関係です。形だけというのは、つまり、子から寅にエネルギーが流れていかないという意味です。しかし、丙子・丙寅のように天干が同じになると、子水から寅木にエネルギーが流れます。天干が異なる場合、子水と寅木はそれぞれ違う部屋にいるようなものです。子水から寅木にエネルギーが流れるルート（路線）がないと考えます。

1．同じ柱の天干と地支は、直接、生剋関係があります。天干の、地支に対する作用は大きく、地支の、天干に対する作用は小さいです。天干生地支は、天干の気が地支に洩れます（漏干《ろうかん》）。地支の気が天干に洩れます（扶干《ふかん》）。天干剋地支は、蓋頭《がいとう》と呼ばれます。地支剋天干は、截脚《さいきゃく》と言います。天干と地支が同じ五行の場合、専旺《せんおう》と呼びます。

2．地支の真上に天干がある状態を「坐」と言います。例えば、甲寅なら、寅は甲木の「禄」と呼ばれ、甲は「坐禄」と言います。

3．丙寅月、甲辰日であれば、隣柱の寅木は日干甲木にとって「禄」です。この場合、生剋路線が成立し、寅木は辰土を剋すことができます。そして、辰土は上の甲木と月支の寅木に剋されるので、大きなダメージを受けると考えます。

4. 天干は、隣り合うとき、生剋の影響が大きいです。例えば、年干と月干、日干と時干の生剋は強いです。年干と日干、月干と時干の生剋する力は弱いです。年干と時干の生剋の影響は極めて小さいので、考えなくて良いです。

5. 地支間は、生剋路線があれば、生剋する関係ができます。生剋路線がなければ、生剋関係は単なる気勢上（見かけ）の生剋であり、効果がありません。例えば、年柱が丙子、月柱が庚寅の場合、天干の丙火は庚金を剋すことができますが、地支の子水が寅木を生ずることはできません。伝統派であれば、子の隣に寅があれば、子は寅を生じると考えるところですが、盲派では、生剋路線がなければ、直接に子が寅を生じることはないと考えます。しかし、年柱が甲子、月柱が丙寅の場合、まず、年支の子水は上の甲木を生ずることができます。月支寅木は甲木の禄で、しかも、甲木は丙火を生じますので、生剋路線が成立し、子水は寅木を生ずることができます。子水は二つの木を生ずることになりますから、漏れて、かなり弱ります。

6. 地支は、合会刑冲破害があれば、直接に十二支同士で生剋が生じます。

【例】女性

年	壬	子
月	乙	巳
日	戊	申
時	壬	子
	天干	地支

【分析】

①　まず、天干の生剋関係を分析します。年干壬水は月干乙木を生じ、乙木の力は強くなり、日干戊土を剋す力も強いです。戊土は、隣り合っている時干の壬水を剋しますが、離れている年干壬水を剋す力は極めて小さいです。時干壬水が月干乙木を生ずる力も小さいです。したがって、日干戊土は強い乙木に剋され、時干壬水を剋すので、戊土は弱いです。

②　年支子水は年干壬水と一体で、乙木を生ずる力がかなり強いです。乙木は年柱から強く生じられ、直接下の月支巳火を生じます。月支はそもそも強いですが、乙木から生じられ、さらに強まります。巳火の蔵干は丙火、庚金、戊土で、日干の戊土は巳の中の戊土が天干に出ている状態なので、巳火は直接、戊土を生ずることができます。子水剋巳火については、子と巳の間に生剋路線がないため、ただの気勢上の剋でしかなく、二つの子水は巳火に対してダメージを与えることはありません。

③　この命式は、一見、水が三つあり、さらに日支の申金に生じられるので、水がとても強そうに見えますが、実は水生木によって水の気が漏らされ、さらに木生火、火生土、土生金、金生水、五行の流通も円滑に流れていますので、水はほどよく、五行の強弱のバランスも整って、全体的に運勢の良い、吉の命式となっています。生剋路線が理解できないと、戊土はとても弱いと判断され、悪い四柱にしか見えないでしょう。

盲派の天干地支生剋路線は、正確に推命するためには不可欠な要素です。しかし、大変複雑であり、なかなか書き尽せるものではありません。ここでは、「生剋路線という概念・手法が盲派には存在している」という紹介に留まりましたが、深く学びたい方は、著者までご連絡いただければ教授致します。

第5節　六親十神総論と象義

1. 六親十神とは

先述のように、日干を中心とした陰陽五行の生剋制化は、日干が生ずるもの、日干を生ずるもの、日干が剋するもの、日干を剋すものと、日干と同じ五行であるもの、という五つの関係性があります。これらの諸関係を陰陽に分けると、全部で十通りになりますので、十神と言います。天干と十神関係の生剋から、父母、兄弟姉妹、夫妻、子供などを分類し、これを六親と言います。

2. 六親十神の名前と象意

⑴正印：別名は印綬《いんじゅ》です。印綬は授与の意味で、親が子供を守る意味があるので、自分を守ってくれるも

のが正印です。陽の日干を生ずる陰の干支、陰の日干を生ずる陽の干支を正印と言います。例えば、日干甲木を生ずるものが癸水で、癸水が甲木の正印です。日干辛金を生ずるものが戊土で、戊土が辛金の正印です。

正印の象意：仕事場、勤める会社、職務、権力、学業、学歴、学校、証書、住宅、家、衣類、帽子、マフラー、車、船、図書、技術、聡明、智慧、思想、論理的思考、思いやりがある、一定の手順に従って行動し変化に適応できない、責任感、使命感、老師、師匠。男性にとっての母親、女性にとっての父親などです。ほかに権威、権勢の象義があります。適職は、建築士、弁護士、会計、エンジニアリングなどです。

正印が年柱もしくは月柱にある人は、大手企業や公務員の仕事に就きやすく、命式に傷官（食神）と正印の組み合わせ（傷官配印という格局）がある人は、教師、演説などの仕事に従事する可能性が高いです。

⑵偏印

偏印：別名は梟印《しょういん》です。盲派四柱推命では、命式に偏印と偏財が共にある場合を、偏印といいます。偏印だけあり、偏財がなければ、梟印と言います。陽の日干を生ずる陽の干支、陰の日干を生ずる陰の干支を偏印と言います。例えば、日干甲木を生ずるものが壬水で、壬水が甲木の偏印です。日干辛金を生ずるものが己土で、己土が辛金の偏印です。

偏印の象意：正印の象意を基本として、偏印特有のものとしては、霊感（インスピレーション）、直感、神秘主義、変わった服が好き、ルールや慣例に従わない、女性にとっての母親などの意味があります。

適職は、画家、詩人、文学者、芸術者、宗教家、占い者、風水師などです。

(3)**正官**：陽の日干を剋す陰の干支、陰の日干を剋す陽の干支を正官と言います。例えば、日干甲木を剋するものが辛金で、辛金が甲木の正官です。日干辛金を剋するものが丙火で、丙火が辛金の正官です。

正官の象意：リーダー、官職、官位、仕事運、功名、各種規約、法律、法規、制度、条文、病気、仕事からのストレス、心理的なストレス、傷痕、苦痛、病痛、男性にとって娘、女性にとっての夫などの象意があります。

(4)**偏官**：別名は七殺《しちさつ》です。盲派では、命式の中で偏官がコントロールできていれば偏官と言いますが、偏官が強すぎて、コントロールできていなければ、七殺と言います。陰の天干を剋する陰の干支、陽の天干を剋する陽の干支を偏官といいます。例えば、日干甲を剋す陽干が庚金で、庚金が甲木の偏官です。日干辛金を剋す陰干が丁火で、丁火が辛金の偏官です。

偏官の象意：会社や仕事場の二番目のリーダー、補佐職、官職、仕事運、官位、功名、ストレス、病気（難病、奇病）、苦痛（正官より強い苦痛）、男性にとっての息子、女性にとっての二回目の結婚相手もしくは不倫相手（命式に正官があれば偏官は不倫相手）など。

(5)**正財**：陽の日干が剋す陰の干支、陰の日干が剋す陽の干支を正財といいます。例えば、日干甲木が己土を剋します。己土が甲木の正財です。日干辛金が甲木を剋すので、甲木が辛金の正財です。

正財の象意：正当なやり方、定期収入（給与収入など）、支配欲、権力欲、物事を占有する欲、正しい飲食習慣、男性にとっての妻、女性にとっての父親などの象意があります。

⑹**偏財**：陽の日干が剋す陽の干支、陰の日干が剋す陰の干支を偏財と言います。例えば、日干甲木は戊土を剋しますので、戊土が甲木の偏財です。日干辛金は乙木を剋しますので、乙木が辛金の偏財です。

偏財の象意：臨時収入（例えば、賞与、宝くじ、株式など。賞与は定期的に受け取れるものなので定期収入のようではあるが、毎月の給与を正財とすれば、賞与は偏財となる）、投資、投機、ギャンブル、窃盗などの財。変わった飲食習慣、男性にとっての父親、不倫相手など。

⑺**傷官**：陽の日干が生ずる陰の干支、陰の日干が生ずる陽の干支を傷官と言います。例えば、日干甲木は丁火を生ずるので、丁火が甲木の傷官です。日干辛金は壬水を生ずるので、壬水が辛金の傷官です。

傷官の象意：言い方がストレートすぎて、相手を傷つけやすい。嘘をつくのが苦手。言語表現能力、身体言語（ジェスチャーなど）、排泄物、分泌物など。傷官が天干に透出する人は言語能力が高く、芸術にも適性がある。拘束を嫌う自由な性格。女性にとっての息子、男性にとっての娘。女性の命式に傷官がある場合が、夫を剋す（痛めつける）と考えられます。

⑻**食神**：陽の日干生陽の干支、陰の日干生陰の日干を食神と言います。例えば、日干甲木生丙火なら、丙

火が甲木の食神です。日干辛金生癸水なら、癸水が辛金の食神です。

食神の象意：言語表現能力。自分の言いたいことを上手に相手に伝えますが、相手の気持ちをよく考えて傷つけないように配慮します。芸術にも適性があり、知能、投資、商品といった意味もある。拘束されたくない性格、女性にとっての娘、男性にとっての息子。食神傷官の多い人は、人を助けることが好き、他人のために時間や労力を費やすことが好き。また、会話が多くなりやすい。命式の中で食神傷官が強く剋されていると、言語表現能力に難があると判断できます。

(9)**比肩**：陽の日干と同じ陽の干支、陰の日干と同じ陰の干支を比肩と言います。例えば、日干甲木と同じものは甲木です。甲木を日干甲木の比肩と言います。

比肩の象意：同性の兄弟姉妹、友達、同級生、同僚。人と交際する能力。ほかに競争、共同作業、派閥、連盟、ギャンブル、妻を剋すなど。

(10)**劫財**：陽の日干なら同じ五行の陰の干支、陰の日干なら同じ五行の陽の干支を劫財と言います。例えば、日干甲木にとって、乙木が劫財です。日干辛金にとって、庚金が劫財です。

劫財の象意：異性の兄弟姉妹、友達、同級生、同僚。異性と交際する能力、異性との縁。競争、共同作業、派閥、連盟、ギャンブル、妻を剋すなど。

3．六親十神に関する考え方

命式に六親十神が、「一つ」あるのが良いです。一番良くないのが、同じ六親が二つ以上あることです。例えば、天干に正印もしくは偏印のどちらかがあると良いですが、正印と偏印が揃うと、良くないです。正印と偏印共に透干する（命式の天干にある）ことを正偏印混雑といいます。正印と偏印共に透干する四柱が、印星に関する六親について、必ず良くないことがあります。これは、正官と偏官、正財と偏財、比肩と劫財、食神と傷官にも同じです。

六親十神の有無によって、下記のようなことが考えられます。

⑴**正印偏印がある命式**：女性にとって、子供を剋す可能性があります。女性の命式で印星が強く、正印と偏印共に透干する場合、子供を作るのが難しいです。

⑵**正財偏財がある命式**：母親を剋す可能性があります。男女を問わず、財星が強く、正財と偏財共に透干する場合が、母親を剋すケースが多いです。

⑶**食神傷官がある命式**：食神と傷官が旺の場合、男性にとって、官職（組織の中で出世していくタイプの仕事）に対して不利な要素です。女性なら、夫を剋す可能性があります。さらに食神と傷官共に透干す

る場合、確実にその傾向が出てきます。

(4)正官偏官がある命式：官星が強い命式は、兄弟姉妹を剋す可能性があります。特に正官と偏官共に透干する場合、兄弟姉妹に悪影響があります。

(5)比肩劫財がある命式：父親を剋すことを意味します。男性なら、妻を剋すほか、財運にも悪影響があります。女性の場合、財運が悪いです。

盲派四柱推命において、命式の中で六親十神をどのように見ていくかを実例で説明します。

【例】 2006年8月22日午時生まれの男性

	天干	地支
年	丙	戌
月	丙	申
日	癸	未
時	戊	午

6歳起運

第一大運：丁酉大運（6～15歳）　第二大運：戊戌大運（16～25歳）

【分析】

① 年干と月干は丙火で、時支午火と共に、日干癸水の正財です。命式に偏財がないので、年干の丙火正財を父親と見ます。盲派四柱推命では、命式に偏財がなく、正財が多い場

合は、正財を父親と考えることがあります。

②月支は申金正印です、日干癸水の母親と見ます。正印申金は月建ですので、とても強いです。天干に透干していないので、母親は主に専業主婦か家の中で仕事をします。日干癸水を生じる形にはなっていますが、生剋路線がないので、実際に日干癸水を生ずる力は弱いです。

③年柱丙戌、戊土は日干の正官で、火の墓庫です。丙火坐戌土、丙火は入墓する象ですから、父親に災いがある象です。

④丙火は申月では囚休で、さらに入墓するので、父親はとても弱く、災いがあると判断します。

⑤年柱丙戌と日柱癸未は、天剋地刑（癸水剋丙火、丑と戌は刑）の関係ですので、これも父親にとって不利な象です。

⑥丁酉大運、丁火は偏財で、酉金は偏印です。この大運では、丁火と命式の丙火、酉金と命式の申金というように、正偏印、正偏財が混雑した状態になっていますので、父親と母親にとって非常に良くないと考えます。

⑦酉金と戌土と害で、年支の戌土にダメージがあります。午火と酉金は破で、火の根にダメージがあります。

⑧己丑年（２００９年）、丑未戌三刑が成立し、父親は病気で亡くなりました。

⑨辛卯年（２０１１年）、丙辛合、卯申暗合、流年と月柱が天地合で、母親は再婚しました。月柱の丙火は継父と見ます。

第6節　生まれた時刻を推理する古法

四柱推命とは、その名のとおり、年柱、月柱、日柱、時柱の四つの柱を作って運勢を推命するので、四つの柱がすべて欠かせません。時柱なしで、年柱、月柱、日柱だけで推命すると的中率がとても低くなるので、必ず時柱を入れて、完全な四柱に基づいて推命する必要があります。しかし、日本では、50代以上の場合、出生時間がわからない方が多いので、困ってしまいます。実は、盲派は長い歴史の中で、生まれた時刻を簡単に特定する五つの方法を構築してきましたので、紹介します。

五つのやり方のうち、最低二つ以上の方法で確定させてください。例えば、午前中、午後、夕方、夜中といった大まかな時間帯がわかっているとして、二つ以上のやり方で当てはまれば、その時刻に生まれたと言えます。四柱が揃わない場合には、四柱推命でなく、ほかの占術を使ったほうが良いでしょう。著者は、出生時間不明の場合、梅花心易で一生涯の運命を見ます。

1．顔の形で推理する方法

1．顔の形で推理する方法：顔を大まかに、丸、四方形、面長に分けます。

子時、午時、卯時、酉時に生まれた人：丸形

寅時、申時、巳時、亥時に生まれた人：四方形

辰時、戌時、丑時、未時に生まれた人：面長

2. 「つむじ」で推理する方法：「つむじ」の位置で推理します。
子時、午時、卯時、酉時に生まれた人：頭上の真ん中
寅時、申時、巳時、亥時に生まれた人：頭の左側か右側
辰時、戌時、丑時、未時に生まれた人：つむじが二つある

3. 兄弟姉妹の人数で推理する方法：兄弟姉妹の人数で推理します。
子時、午時、卯時、酉時に生まれた人：兄弟姉妹の数が多い。四人以上もある。

寅時、申時、巳時、亥時に生まれた人：兄弟姉妹の数が二人か三人。

辰時、戌時、丑時、未時に生まれた人：兄弟姉妹が少ない。一人子か二人兄弟。

4. 小指の長さで推理する方法：小指と、薬指の第一関節を比べて判断します。
子時、午時、卯時、酉時に生まれた人：小指の先が薬指の第一関節の線を越える。

寅時、申時、巳時、亥時に生まれた人：小指の先が薬指の第一関節の線とほぼ同じ高さ。

辰時、戌時、丑時、未時に生まれた人：小指の先が薬指の第一関節の線より下。

5. 兄弟姉妹の順番で推計する方法：自分が兄弟姉妹の中で何番であるかによって生まれた時刻を推計する方法です。日本では、例えば、一番上の男の子を長男、二番目に生まれても、一番上の女の子を長女

といいますが、ここでは、男女問わず、上から下へ順番で数えていきます。例えば、本人の上に二人のお姉さんがいる男性の場合、自分が長男ではなく、三番目と数えます。

子時、午時、卯時、酉時に生まれた人：兄弟姉妹の中での順番が、
男性の場合、一番、四番、七番。
女性の場合、二番、五番、八番。

寅時、申時、巳時、亥時に生まれた人：兄弟姉妹の中での順番が、
男性の場合、三番、六番、九番。
女性の場合、一番、四番、七番。

辰時、戌時、丑時、未時に生まれた人：兄弟姉妹の中での順番が、
男性の場合、二番、五番、八番。
女性の場合、三番、六番、九番。

例えば、午前中に生まれた人の時刻を推計します。顔の形が四方形で、寅時に生まれたと推計します。つむじが頭上の真ん中にあるので、卯時になる可能性があります。三人兄弟ですので、寅の時刻に生まれた可能性があります。小指の先が薬指の第一関節の線とほぼ同じ高さですので、寅時に生まれた可能性がありま す。兄弟姉妹の中で、二番目ですので、辰時に生まれた可能性があります。以上を総合して、寅時生まれの条件が三つあったので、寅時とします。

第3章

盲派四柱推命の常用神煞と、神煞による開運法

第1節　神煞総論

神煞は、星煞とも言います。吉神と凶煞に分けられ、吉凶禍福を暗示します。一般的に、神煞は天干地支で表記し、吉凶や性格、影響などを表現しています。

例えば、神煞には、天徳貴人、月徳貴人、天乙貴人など、いろいろなものがあります。貴人とは、本人を助け、良い運勢をもたらしてくれる神煞のことです。将星は、本人のリーダーシップとしての資質がある、もしくは本人を助けてくれる人が現れるという意味の神煞です。駅馬星は、行き来が激しい、忙しく動き回る、引越し、情報を伝達するなどの意味ですが、ほかに交通事故なども暗示します。羊刃《ようじん》、七煞《しちさつ》は罹患、ストレスをかけられるなどの意味です。

ただし、神煞は単独で推命に使用するのではなく、神煞を代表する天干地支の旺衰、喜忌、六親十神との組み合わせなどと総合的に判断する必要があります。吉の神煞は、大運・流年と重なる時にさらに吉になり、凶の神煞は、大運・流年と重なる時にさらに凶になります。

四柱推命では、流派によって神煞に対する考えも違います。例えば、『滴天髄』は、主に五行の生剋、天干地支の組み合わせ、格局を重視して推命し、神煞についてはあまり論じていません。『淵海子平』や盲派四柱推命は、神煞をとても重視して推命をします。四柱推命でよく使う神煞は、１００個以上ありますが、盲派でよく使う神煞は、約30個です。

実例で説明します。

【例】男性

	天干	地支
年	癸	卯
月	己	未
日	丁	巳
時	辛	亥

2歳起運

第一大運（2～11歳）：戊午　第二大運（12～21歳）：丁巳

第三大運（22～31歳）：丙辰　第四大運（32～41歳）：乙卯

【事象】

仕事は運転手で、2001年の夏、仕事中に車の事故で怪我をして入院。

【分析】

① 日干丁火、盲派四柱推命の象法では丁はハンドルの象です。

② 日支巳火から見て、時支の亥水は駅馬星です。日干丁火から見れば、亥水は天乙貴人です。夏生まれの丁火は火が強いため、水で調候する必要があります。命式の癸水と亥水は調候用神となります。したがって、亥水は本人にとって非常に重要な用神です。

③ 年支卯木から見ると、日支巳火は駅馬星です。ハンドルと駅馬星の組み合わせは、ハンドルを握って行き来する象なので、本人はよく運転すると判断します。

④　巳火は日干丁火の羊刃です。丁火の下に巳火があることは、日干坐駅馬もしくは坐羊刃といいます。羊刃はかなり極端な神煞で、喜神の場合は、本人を非常に助けてくれますが、忌神の場合は大凶になります。この命式は、未月生まれの日干丁火で、身旺で、羊刃巳火は忌神と判断します。

⑤　二つの駅馬星、巳火と亥水と冲することから、本人はよく行き来して、③の判断と合わせて、運転手を生業とすると読めます。

⑥　第四の乙卯大運は、年支の卯木を呼び起こし、丁巳を生じ（生剋路線：日干丁火は未に通根し、卯未半合することから、木生火とすることができる）、羊刃巳火の凶性を強くします。

⑦　２００１年辛巳年で、日支巳火が呼び起こされ、さらに羊刃の凶性を激発して、亥水を冲します。

⑧　２００１年５月は辛巳年癸巳月で、命式の巳火と合わせて三つ揃い、羊刃の凶性が最大となって、駅馬亥水を冲し、用神の亥水にかなりダメージを与えるので、大きな交通事故になったと判断します。

⑨　日支巳火は、盲派四柱推命では、本人（丁火）の身体と考え、三つの羊刃が揃うことから、大きな怪我になったと判断します。

以上のような読み方で、神煞の重要性はよく理解できたと思います。神煞を使わなければ、職種、いつどのような災いが発生するかを判断することは難しいのです。

本章では、盲派四柱推命でよく使う神煞を紹介します。

第2節　貴人

貴人《きじん》とは、四柱推命の中で最も重要で、本人に対してプラスになるエネルギーを指し、本人の健康、結婚、仕事、財運などを良い方向に導いてくれる存在です。また、災害から逃れ、危機を化解できるような身を守る目に見えないパワーでもあります。

貴人は四柱推命の大吉の神煞で、種類は十数個ありますが、盲派ではよく使うのは、天徳貴人、月徳貴人、天乙貴人、文昌貴人、太極貴人、魁罡貴人です。命式に貴人があれば、生まれつき先天運が良く、何かをする際、助けてくれる人が現れます。貴人がなければ、助けられることがなく、自力で対処するしかなく、苦労します。

1. **天徳貴人《てんとくきじん》**：盲派では最も大吉の貴人と考えます。命式に天徳貴人があると、太陽神のエネルギーをもらって、神様に愛されたような存在です。ほとんどの凶煞は天徳貴人に遇うと、凶性がなくなります。天徳貴人の調べ方は、生まれた月から見ます。

例えば、寅月生まれの人は、命式の年月日時柱のどこかに丁火があれば、天徳貴人入命といい、大吉の命式になります。ただし、大運・流年によって冲剋されると、貴人のパワーは弱まります。

天徳貴人表

生まれ月	子	丑	寅	卯	辰	巳	午	未	申	酉	戌	亥
月徳貴人	巳	庚	丁	申	壬	辛	亥	甲	癸	寅	丙	乙

2. 月徳《げっとく》貴人《きじん》：天徳貴人の次に大吉の貴人です。月神のエネルギーをもらって、凶煞を退け、本人を守り、大吉の気をもたらしてくれる貴人です。月徳貴人の調べ方も、生まれ月にしたがって調べます。

月徳貴人は、生まれ月の三合の真ん中の文字の五行と同じ陽天干です。

寅、午、戌月生まれ：丙火
亥、卯、未月生まれ：甲木
申、子、辰月生まれ：壬水
巳、酉、丑月生まれ：庚金

月徳貴人と天徳貴人が重複していることがあります。例えば、辰年生まれの人は、命式に壬水があれば、天徳貴人と月徳貴人共に入命とみて、パワーは倍以上になり、最大吉となります。また、天徳貴人と月徳貴人共にある命式は、一生平安で、ほとんどのことが思いどおりになるため、人生において成功することができ、有名になります。また凶災があっても吉に変えます。女性は日干が月徳貴人となる場合、良い夫と結婚します。

月徳貴人表

生まれ月	申子辰	寅午戌	亥卯未	巳酉丑
月徳貴人	壬	丙	甲	庚

3. 天乙貴人《てんおつきじん》：

一般的に、天乙貴人は最大の貴人とされていますが、盲派四柱推命では天徳と月徳貴人の次になります。天徳と月徳貴人は神様に恵まれている先天運です。天乙貴人は、生まれた後の後天の縁で、人事によって助けられるような存在です。命式に天乙貴人があれば、困難なとき、自然に助けてくれる人が現れます。聡明で優しい、能力が高く、生涯、病気が少なく、生活に困らず、大変裕福で有名になる人生を送ります。

天乙貴人は華蓋と共にあれば、官職に就きやすく、駅馬との組み合わせがあれば、見た目に威厳があり、聡明で有能者になりやすいです。空亡との組み合わせがあれば、芸能やミュージシャンに向きます。三合もしくは六合があれば、文才が高く優秀な人です。

天乙貴人は、年干と日干両方で調べます。

例えば、年干または日干は甲木の人は、天乙貴人は丑と未です。丑と未の大運・流年になると、天乙貴人大運もしくは天乙貴人流年に入るので、この大運か流年の期間中にやることはうまくいきやすく、吉事が多い、または助けてくれる人が現れると判断します。

もう一つ、天乙貴人を使った開運法としては、何かをするとき、自分の天乙貴人にあたる十二支を命式に持った人に頼めば、成功する可能性が高いことです。例えば、年干甲木、日干丙火の人は、丑、未、酉、亥が天乙貴人ですから、何かをするとき、

天乙貴人表

天干	甲	乙	丙	丁	戊	己	庚	辛	壬	癸
天乙貴人	丑未	子申	亥酉	亥酉	丑未	子申	丑未	午寅	巳卯	巳卯

この四つの十二支を持った人に頼むと成功しやすくなります。さらに、自分の年支と日支と合するなら、成功率はさらに高くなります。

ただし、女性の場合は、命式に天乙貴人が一つある場合は大吉ですが、二つ以上あると、破格になるので、逆に悪いです。

4. 文昌貴人《もんしょうきじん》：文曲星とも呼ばれ、大吉の貴人です。命式に文昌貴人があれば、生まれつき才器があり、学習能力が高く、学識によって成功します。また、文昌貴人がある人は、優雅で温厚、向上心の高い人が多いです。文昌貴人のもう一つの役割は、凶災に遭っても吉に変えることができることです。

文昌貴人の調べ方は、年干と日干から調べます。年干から導き出した文昌貴人は「年文昌貴人」、日干から導き出したものは「日文昌貴人」と言います。

5. 太極貴人《たいきょくきじん》：命式に太極貴人がある人は、聡明で正直、終始一貫した精神を持ちます。勉強が好きで、特に神秘的な分野に関する勉強に向きます。例えば、天文地理、哲学、歴史、宗教、風水、占いなどに向いており、こうした分野の仕事に従事するなら成功を収め、偉くなりやすいです。

太極貴人は命式の中で吉星との組み合わせがあれば、本人は福運が良く、長寿し、社会的な地位が高く、有名になりやすいです。したがって、命式に太極貴人がある人

文昌貴人表

天干	甲	乙	丙	丁	戊	己	庚	辛	壬	癸
文昌貴人	巳	午	申	酉	申	酉	亥	子	寅	卯

は、学問研究、宗教、風水、占いなどの仕事を従事すると良いです。

太極貴人が年柱にある人が学問研究を仕事にすると、有名になり、研究する分野で傑出した存在になります。月柱にあると一生平安で、凶災に遭っても吉に変えることができます。友達が多く、勉強熱心です。日柱にあると、貴人運があり、常に助けてくれる人が現れます。才能が高く、福運の強い人です。時柱にあると、貴人運が良く、有能な人と出会いやすいです。

太極貴人は、年干と日干から調べます。

例えば、年干もしくは日干が甲木の人は、命式に子か午があれば、太極貴人が入命していると言います。

6．魁罡貴人《かいごうきじん》：

魁罡には、強烈な特徴があります。命式に魁罡貴人がある人は、有権者で、正直で聡明、果断、好き嫌いがはっきりしています。正義感が強く、剛健気丈、他者に訴えかける力があり、威厳があります。ただし、殺伐としたことも好み、お高くとまり、ひどく強情で、せっかちな性格ともなりやすいです。一般的に、男性の命式に魁罡貴人があると良いです。女性の場合は聡明で、外交的ですが、気が強すぎるのが欠点です。

魁罡貴人の調べは簡単です。命式の日柱が、壬辰、庚戌、庚辰、戊戌のどれかであ

太極貴人表

天干	甲乙	丙丁	戊己	庚辛	壬癸
太極貴人	子午	酉卯	辰戌丑未	寅亥	巳申

れば、魁罡貴人入命と言います。大運が壬辰、庚戌、庚辰、戊戌になる場合、魁罡大運と言います。

魁罡貴人がある人は、身旺の場合は大吉で、福運が多く、有権者になります。身弱であれば、逆に貧困で大変な人生になります。また、日柱が魁罡貴人で、刑冲剋害などに遭えば、貧困で大変な運命になります。

庚辰日、庚戌日に生まれた人は、命式に官煞（正官と偏官）があると破格になります。権力によって災いを招きます。特に、この二つの日に生まれた女性は、綺麗で、聡明、外向的で能力が高いですが、気が強すぎて、夫を剋すことがあります。命式で官星との組み合わせが良くなければ、再婚する可能性が高いので、晩婚したほうがうまくいきます。

戊戌日、壬辰日に生まれの人は、命式に正財と偏財があると破格で、財によって災いを招きます。男性はこの二つの日に生まれると、ハンサムな人が多いですが、妻を剋します。

日干が旺盛で、命式に魁罡が二つ以上あり、さらに官星がある場合は、軍隊、司法や法律に関する仕事に従事する可能性が高いです。日干が衰弱で、二つ以上の魁罡がある人は、ヤクザや犯罪者の部類で、刑務所に入ることがあります。

年	丁	丑
月	己	酉
日	庚	辰
時	庚	辰
	天干	地支

【例】男性

【分析】

① 日干庚金は坐辰土で、辰土生庚金。日柱と時柱共に魁罡庚辰で、伏吟です。

②　月支酉金は日干庚金の羊刃で、月干己土は正印で、日干庚金はかなり旺です。
③　年柱丁丑は正官で、通根なし。坐丑土なので、正官は無力で、官職や権力がなく、一般の仕事をすることになると判断します。
④　天干地支の組み合わせを見ると、魁罡伏吟で旺、辰と辰は自刑、辰と酉と合金化、酉と丑と半合金化、生まれ月の酉金（羊刃）が強いです。命式に金の気勢があまりにも強すぎます。金は戦い、対戦、殺伐などの象です。
⑤　象法では、庚金酉金は筋骨、辰土は皮膚、辰と辰の自刑は、皮膚や筋骨をよく怪我するとなります。また、辰は食神の庫（水は食神、辰は水庫）で、食神は技能、技術、生徒などの象があります。辰と辰の自刑は、技能を使って生徒と対抗する象となります。
⑥　日干辰土から見ると、月支酉金は桃花星です。盲派四柱推命では、桃花星は名声、高名の意味があります。酉金は羊刃で、殺伐、戦いなどにおいて「有名」と考えられます。
⑦　以上の組み合わせと象法に従って、本人はかなり体格が良く、ボクシングや武術などの仕事に従事すると判断できます。

【結論】
この人はテコンドーのコーチで、彼自身もよくテコンドーの試合に参加しています。

第3節　桃花星

桃花星《とうかせい》は、桃花、咸池《かんち》とも呼ばれます。桃花というと、すぐに異性関係を連想されるかもしれません。一般的に、桃花は淫乱、スケベ、酒色に溺れることと考えられ、凶星と解釈されます。しかし、盲派四柱推命では、中性の神煞として、「名星」（良くも悪くも有名になる、目立ってしまう星）と呼ばれることもあります。

命式に桃花星がある人は、きれいで、明るく、魅力があって、能力も高いものです。トークがうまくて、人間関係も良いので、従事する仕事や業界の中で成功、有名になりやすいです。もちろん、桃花星は、異性縁、恋愛運、性的なこととも関係が深いです。

また、命式に桃花があって、喜神になる場合は、男女問わず、気配りが良く、周りの人から好かれ、人気者になります。政界や芸能界に進出する人は、命式に桃花があって、官星もしくは印星と良い組み合わせがあれば、かなりの人気を集め、支持率の高い政治家や人気俳優などになれます。したがって、桃花星に悪いイメージを持つ必要はありません。

桃花星は名星として使う際、六親十神との組み合わせによって、その人が従事する仕事の職種を、ある程度、推測することができます。例えば、桃花が財星の場合、ビジネス、お金に関する仕事をする可能性が高いです。桃花が官星の場合、会社に勤務し、技術によって有名になる可能性があります。桃花が食傷の場合、芸術、芸能などに向いています。桃花が比劫の場合、スポーツに向いています。桃花が印星で、命式に太極貴人と華蓋星がある、もしくは太極貴人と華蓋星と合する場合は、風水や占いの業界で成功し、有名になります。これは、桃花から仕事を判断する盲派四柱推命の一つの得意技です。

桃花星は、年支と日支から算出します。三合会局の最初の文字の次の字が桃花となります。例えば、申子辰（水局）で、最初の文字は申です。申の次が酉ですので、年支か日支が申、子、辰のどれかであれば、命式中に酉の字があれば、桃花となります。

桃花星は、四季桃花、墻裡桃花、墻外桃花、沐浴桃花、遍野桃花、羊刃桃花など、いろいろな種類があります。本節では、盲派でよく使う桃花星を説明します。

1．四季桃花：春に咲く桃花は桃花春といいます。夏に咲く桃花は桃花扇、秋に咲く桃花は桃花刀、冬に咲く桃花は桃花酒です。四季桃花は生まれた季節によって分類します。

(1) **桃《とう》花《か》春《しゅん》**：寅、卯、辰の月に生まれ、命式に桃花星の卯木がある場合、桃花春といいます。月柱が癸卯なら、活桃花といいます。月柱が辛卯なら、死桃花といいます。活桃

桃花表

地支	申子辰	亥卯未	寅午戌	巳酉丑
桃花	酉	子	卯	午

花の人は、とてもきれい（男性はハンサム）で能力が高く、聡明で気配りが良く、情熱家で、よく人助けをします。元気溌剌で、子供時代から周りに好かれるでしょう。また、口がうまくて、何かをするとき、一生懸命努力します。初めて接する人でもすぐに好かれるようなります。社会に出ても、上司や同僚からの評判が良く、出世しやすいでしょう。恋愛については、周りからの評判が良いものの、遊び人のタイプではなく、いったん恋愛相手を決めたら、一途です。

死桃花の人は、女性はとてもきれいで、男性はハンサムですが、機敏さや魅力が足りないです。初めて接する人に与えるイメージは、きれいだけれども、性格が硬くて冷たい、コミュニケーションしにくく、明るいものではないでしょう。また、死桃花の人は、人を助けることをしますが、本心からするのではなく、何か目的を持ってすることが多いです。気配りも足りず、仕事中に自ら積極的に仕事をするのではなく、上司や周囲に頼まれて、やっと動くという感じです。

(2)桃花扇《とうかせん》：扇とは、暑い夏に、あおいで風を送り、涼しむための道具なので、夏の巳、午、未月に生まれ、命式に桃花星の午火がある人は、気配りが良く、いつも他者に必要なことをしてあげたり、助けてあげたりするので、まさに扇のようにタイミングが良いため、桃花扇といいます。月柱が丙午なら、真桃花扇といいます。月柱が壬午なら、仮桃花扇といいます。

真桃花扇の人は、振る舞いが垢抜けており、ロマンチックで、一途な人です。気配りが上手で、恋人や結婚相手に優しく、面倒見がとても良いです。例えば、相手の体調が良くないとき、かゆいところに手を届くほど面倒を見ます。プレイボーイではないので、他の異性にあまり関心を示さないでしょう。

仮桃花扇の人は、異性にだけ気配りが良く、同性に対しては気配りがありません。仮桃花扇の人は、遊び人タイプで、異性に対して「目的」があり、機嫌を取ることばかりするものの、いったん目的を達成したら、態度がガラっと変わります。

(3) 桃花刀《とうかとう》：刀は武器、鋭利なもので、怪我をしやすく、怪我させることもあります。申、酉、戌月生まれで、命式に桃花星の酉金がある人は、桃花刀になります。特に、辛酉月生まれの人は真桃花刀といいます。丁酉月生まれの人は仮桃花刀と呼ばれます。

真桃花刀の人は、愛情を非常に重視し、いったん恋愛し始めたら、死ぬほど相手を大事にして、相手に尽くします。別れてしまったり、失恋したりすると、傷が深く、なかなか回復できないタイプです。また、自分だけが相手に尽すだけでは満足せず、相手にも同じだけの奉仕を要求します。相手が不倫をしていたり、他の異性と遊んでいたりすることを知ってしまうと、極端な行動に出る可能性があります。

特に、命式中の真桃花刀に、羊刃、災煞、劫煞、七煞などが加わると、相手に裏切られて、相手を殺害するとか、もしくは自傷行為に走ったり、自殺したりすることもあります。したがって、真桃花刀の人と付き合うなら、結婚して一生涯添い遂げる覚悟が必要で、決して遊びで付き合ってはいけません。

仮桃花刀の人は、振る舞いが浮ついていて、欲が深い性格です。表では真面目で純粋に見えますが、実は、腹の中でいろいろと複雑に考えています。また、仮桃花刀の人は、一般に自分の過ちをストレートに認めず、何かがあると、他人のせいにすることが多いです。

(4) 桃花酒《とうかしゅ》：古代中国では、冬に入ると、ほとんどすることがなくて、家で酒を飲みながらゆっくりします。亥、子、丑月に生まれ、命式に桃花星の子（ねずみ）があると、桃花酒と言います。とりわけ、庚子月生まれは真桃花酒です。象法では、庚金はツボ、瓶の象があります。子は液体で酒の象です。月柱が戊子なら、仮桃花酒です。

真桃花酒の人は、ロマンチックで、情が深い人です。気前が良く、豪気がある場合が多いです。仮桃花酒の人は、豪気や気前はただの演出です。口では気前の良いことを言いますが、実際はケチです。また、桃花酒の人は、真仮を問わず、淫欲におぼれる人が多く、酒乱も多いものですが、特に、仮桃花酒の人はアルコールが入ると、自分の知り合い、同僚、周りの人に手を出す癖があります。

2. 墻裡桃花と墻外桃花

墻裡桃花と墻外桃花：古代中国の大家族の家は、不審者の侵入を防ぐほか、女性が外に出ないよう、高い墻（垣根、塀、壁）に囲まれるように作られました。したがって、墻裡桃花と墻外桃花という表現は、主に女性に対するものでしたが、今では、男女共に通用すると思います。

(1)墻裡桃花《しょうりとうか》：年支か月支にある桃花は墻裡桃花と呼ばれます。命式に墻裡桃花がある人は、きれいで魅力ではありますが、自分の恋人や結婚相手にだけ優しく、夫婦間だけロマンチックですが、ほかの異性には優しくありません。したがって、墻裡桃花がある人は、夫婦仲が良く、責任感が強く、家族を大事にする人が多いです。

(2)墻外桃花《しょうがいとうか》：日支か時支にある桃花は墻外桃花と呼ばれます。命式に墻外桃花がある人は、異性の前で自分の魅力を見せたり、自分の美しさをアピールしたりします。おしゃれで注目を集めやすいです。口がうまく、話をするだけで相手を良い気持ちにさせます。したがって、墻外桃花がある人は、社交性があり、人間関係がとても良く、能力も高いので、成功する人が多いです（注：一般的に、年月は外、日時は内と考えられ、実際、年月にある桃花を城外桃花、日時にある桃花を城内桃花とする伝もあるようだが、盲派には、年月を墻の裡《うち》、日時を墻の外《そと》とする考え方が伝承されている。念のため、上記説明が誤りではないことを一言添えておく)。

(3) 沐浴桃花《もくよくとうか》

沐浴桃花《もくよくとうか》：桃花の中で、沐浴桃花は一般的に凶と判断します。沐浴は咸池ともいい、性欲に溺れ、異性との関係が乱れやすいからです。特に、日干坐沐浴が重なれば、特にこのような傾向が強まります。命式に沐浴桃花がある人は、異性を惹きつける魅力がありますが、夫婦仲は良くなく、離婚する可能性が高いです。老後は孤独になり、事業は成功しにくいなどと判断します。しかし、沐浴桃花が命式中で喜神なのか、忌神なのかによって、結果は大きく変わってきます。

沐浴桃花の調べ方は、五行の十二運星（十二長生）の沐浴にあたる十二支が桃花になれば沐浴桃花です。五行の水の長生は申金で、沐浴は酉金なので、命式で酉金が桃花であれば、沐浴桃花になります。五行の木の長生は亥水で、沐浴は子水なので、子水が桃花なら沐浴桃花です。五行の火と土の長生は寅木で、沐浴は卯木、卯木が桃花なら沐浴桃花です。五行の金の長生は巳火で、沐浴は午火なので、命式中の午火が桃花なら、沐浴桃花です。

例えば、

①丙寅日辛卯時の場合、日干丙火から、火の沐浴は卯木です。日支の寅木から見ると、寅午戌三合の桃花は卯木なので、卯木が沐浴桃花になります。

②壬子日己酉時の場合、日干壬水から、水の沐浴は酉金です。日支の子水から見ると、申子辰三合の桃花は酉金なので、酉金が沐浴桃花になります。

【例】男性

	天干	地支
年	戊	子
月	乙	卯
日	戊	戌
時	癸	丑

【分析】

① 日干戊土の沐浴は卯木です、日支戊土で調べると、寅午戌三合の桃花も卯です。月支の卯木は沐浴桃花です。

② 年支子水生月支卯木、月柱乙卯一体で、桃花はかなり旺盛です。

③ 卯木と日支戊土と六合（支合）で、沐浴桃花は日干の夫妻宮を合するので、この人は複数の異性と性的な関係を持つと判断できます。

④ 日干戊土は時干の癸水と六合で、癸水をこの人の妻と見ます。戊癸合、丑戌刑、時柱癸丑は年柱の戊子と天地合（年干戊土と時干癸水と合、年支子水と時支丑合）になります。盲派の象法では、日干戊土は自分が女遊びをすることによって、夫婦関係は悪くなり、妻も別の男性（年干の戊土）と不倫の関係になると判断します。

⑤ 37歳からの己未大運、丑未戌三刑が成立し、天干己土は劫財ですので、この大運に離婚すると判断します。

(4) **遍野桃花**《へんやとうか》：四柱推命では、子午卯酉は四桃花といいます。命式に子午卯酉が揃っていることを遍野桃花といいます。遍野桃花の人は、ロマンチックで、才能が高いので、芸能界に進出すれば有名になります。機敏でとても聡明です。ＥＱ（心の知能指数）が高く、異性縁があり、異性に助けられることが多いです。ただし、遍野桃花の人は、酒色に溺れ、異性との関係から災いを招くこともあります。結果、遍野桃花の人は、結婚はうまくいかないことが多いです。

(5)羊刃《ようじん》桃花《とうか》：命式中で、年干か日干が羊刃で、さらに年支か日支が桃花という場合です。例えば、庚申年柱の場合、命式に酉金があれば、酉金は庚金の羊刃です。また、申子辰三合から、酉金は桃花ですので、酉金は羊刃桃花となります。

羊刃は四柱推命の中で、極悪の神煞の一つで、大胆で勇気があり、殺伐、暴虐、残酷などの性格を持ちます。命式に羊刃がある場合、喜神なら、軍人、警察などの仕事に従事する人が多いですが、忌神なら、殺人犯、犯罪者などになります。羊刃は日干に対して比肩劫財の働きをしますので、比肩劫財の気が強ければ、当然、財を損ないますし、官（組織の秩序、社会のルール）に反抗することになります。桃花は浮気性で、恋多き人です。

したがって、命式に羊刃桃花がある人は、感情的に、パートナーを剋します。また、羊刃桃花があると、夫婦仲は良くなくて、羊刃桃花と沖になる流年に、異性関係によって災いを招く可能性があります。また、陽天干の羊刃は凶度が強く、陰天干の羊刃の気は弱いので、年干や日干に陽天干の羊刃桃花を持つ人は特に気をつけないといけません。羊刃の求め方は、甲木の羊刃は卯木、丙火と戊土の羊刃は午火、庚金の羊刃は酉金、壬水の羊刃は子水です。

(6)桃《とう》花《か》劫《ごう》：命式で桃花と劫煞が組み合わさると桃花劫になります。例えば、申子辰三合の桃花は酉金で、劫煞は巳火です。年支か日支が、申、子、辰のどれかで、命式に酉金と巳火が揃う場合、もしくは酉金か巳火があり、酉なら巳、巳なら酉の大運や流年が巡ってくると、桃花劫になります。劫煞は大凶の神

煞です。桃花劫になると、確実に異性との不当な関係によって災いを招きます。

(7)桃花の改運法：以上の説明のとおり、桃花は本当に大きな影響を与えます。桃花は忌神であっても、正しく改運すれば、桃花の悪影響を減らすことができます。以下、桃花が忌神の場合の一般的な改運法を紹介します。

①恋人や結婚相手の四柱を入手し、自分の年柱と日柱が冲剋しないかどうかを見ます。特に、相手の年柱と日柱が、自分の年柱と日柱を両方共に冲剋するのは好ましくありません。例えば、自分の年柱が甲辰で、相手の年柱が庚戌の場合は、庚金冲剋甲木、辰戌冲ですので、絶対合わないです。一緒になると、いつも意見が合わなくて喧嘩になります。一番良いのは、二人の年柱と日柱が、それぞれ生の関係であることです。

②ベッドを桃花の位置にしてはいけません。また、寝るときに、頭もしくは足をトイレに向けてはいけません。

③寝室の内装は派手にしてはいけません。例えばクロスをピンクにしたり、花模様にしたりしてはいけません。寝室には新鮮な花を飾らないほうが良いです。特に、バラ、桃花、百合などの花は良くないです。

④桃花の位置に銅製の開光（入魂）した瓢箪《ひょうたん》を置きます。瓢箪は桃花の煞気を収める効果があります。開光については、一般社団法人日本易経協会のホームページでご覧になってください。

⑤すでに結婚していて、夫婦どちらか、もしくはお二人に共に桃花が悪い作用をしていて、夫婦の仲

が悪ければ、秘伝の合気符《ごうきふ》（夫婦円満するための特殊な霊符）を作成してもらい、寝室に設置します（合気符についても日本易経協会まで相談ください）。

実例分析

【例１】男性（１９８４年10月３日酉時生まれ）

年	甲	子
月	癸	酉
日	庚	午
時	乙	酉
	天干	地支

２歳起運

第一大運：甲戌大運（２～11歳）　第二大運：乙亥大運（12～21歳）

第三大運：丙子大運（22～31歳）　第四大運：丁丑大運（32～41歳）

【分析】

① 酉月生まれの日干庚金は、時支も酉金なので、強旺です。

② 月干の傷官癸水は年干の偏財甲木を生ずるので、自分の技能で収入を得る人と判断します。

③ 年支子水から見ると、酉金は桃花です。庚金から見ると、酉金は羊刃ですので、二つの酉金は羊刃桃花です。命式中、金がとても強いので、金は忌神です。二つの羊刃桃花は夫妻宮（日支）の午火と害の関係、年支の食神子水は午火と冲の関係ですので、夫妻宮は三つダメージを受け、傷ついていますので、結婚しにくい、もしくは結婚しても夫婦の仲が悪いとわかります。

④ 盲派の象法で見ると、時柱の乙酉は、酉金は羊刃で刃物の象、乙水は薬の象です。月柱の癸酉を見る

と、傷官癸水は技能の象で、癸と酉の組み合わせは「刃物を使う仕事」となりますので、この人は医者と確定できます。

⑤ 丙子大運（22～31歳）、年柱甲子を引き動かして、甲庚冲、子午冲になります。甲木は妻星で、午火は妻宮ですので、妻星と妻宮共に冲剋されるので結婚できなかったのです。

⑥ 丁丑大運（32～41歳）、丑と酉は半会で、午を害します。夫妻宮は徹底的に破壊されますので、この大運も結婚は難しいです。

⑦ この人が結婚できない根拠として、最も結婚に悪い影響を与える、盲派四柱推特有の童子煞が二つもあります（童子煞については、本章の第23節で説明する）。

【例2】男性（1963年4月15日辰時生まれ）

	天干	地支
年	癸	卯
月	丙	辰
日	戊	子
時	丙	辰

3歳起運

第一大運：乙卯（3～12歳）　第二大運：甲寅（13～22歳）

第三大運：癸丑（23～32歳）

【分析】

① 辰月生まれの日干戊土は、時支の辰土に通根します。月干と時干丙火に生じられ、とても強旺です。

② 日支子水は戊土の偏財で、年支の卯から見ると、子水は桃花です。子の蔵干の癸水は戊土と天地合なので、戊と子の組み合わせを持つ人の結婚は一般的にうまくいきやすいです。子水は二つの辰土と半合で、水のパワーもとても強いです。

③ 年支の卯木と、日支の子水は刑の関係ですが、月支辰土と卯木は害ですから、子卯の刑は実際に成立することはないので、夫妻宮はダメージを受けることがないです。

④ 癸丑大運（23～32歳）は、大運の癸丑と日柱の戊子が天地合（天干は戊癸合、地支は子丑合）になります。癸水は、日干戊土にとって正財で、夫妻宮の子水の蔵干が透干する形にもなりますので、この大運に結婚できます。

⑤ 戊辰年（１９８８年25歳）、戊年により日干の戊土が引き出され、戊癸合となりますので、この年に結婚しました。

第４節　駅馬星

生年月日時によって、人生はかなり違ったものになります。ある人は一生苦労して、頑張っても報われず、生活もままなりません。一方、一生涯、悠々自適な生活を送り、ほとんど苦労しない人もいます。この一つの原因は、命式中の駅馬星《えきばせい》の有無です。

古代中国は、情報や手紙などを送るために、各地に駅站《えきたん》を作りました。それぞれの駅站には数名の騎手

（配達員）と数匹の馬が配置されました。情報や手紙を他の街へ配達するため、次の駅站まで、騎手は馬に乗って運び、目的地まで転々と馬と騎手を変えながら走りました。走る馬のことを駅馬というので、駅馬星は「動く・動き」の最たるシンボルです。苦労する、駆けずり回る、外出、出張、引越し、旅行、転勤など移動に関することを意味します。

命式に駅馬星がある人は、一般的には、よく動き、のんびりできないと考えます。命式に複数の駅馬星がある人は、常に迷ったり、コロコロ変わったりする性格となります。また、一生不安定で、頻繁に引越したり、転勤したりして、安定できないので、結果、苦労する運命になります。

駅馬星の調べ方は、年支もしくは日支が申、子、辰なら、寅木が駅馬です。以下に一覧を記しておきます。盲派四柱推命では、命式に寅木と申金の駅馬の冲がある場合は、さらに動きが激しいと考えます。子供の命式に駅馬があれば、じっとできずに、よく動き回ると判断します。駅馬の大運もしくは流年になると、その期間、出張、旅行、長期間外出があると見ます。

駅馬の大運と流年に入ると、必ず動くことが発生します。駅馬星が吉星と組み合わされるなら、吉となります。凶星と組み合わされば凶となります。

命式に正印と偏印が駅馬星にあたる年齢には、何らかの受験があるでしょう。ほかに、印星は家、仕事、車などを司るので、印星が駅馬星であれば、家や車の購入、就職、転勤、昇進なども考えられます。

駅馬星表

地支	申子辰	寅午戌	亥卯未	巳酉丑
駅馬星	寅	申	巳	亥

正官と偏官と駅馬星の組み合わせは、それが喜神の場合は、仕事に関して吉のことがあります。例えば、駅馬の流年に入ると、転勤・異動によって昇進することが考えられます。命式もしくは大運・流年に駅馬星があれば、本人は動きたくなくても、動かなければならないことがあります。忌神の場合は、病気になる、手術を受ける、ストレスが溜まる、イザコザ、仕事に関する凶事が発生するかもしれません。特に、官職や政治家には凶です。また、駅馬星が印星で、命式・大運・流年の間に冲がある場合、交通事故が発生する可能性があります。

一般的に、命式に駅馬星があって、印星もしくは官星である場合は、記者、セールス職、外交に関する仕事に従事する人が多いです。

駅馬星が比肩劫財の場合は、兄弟姉妹や友人に関することを表します。比肩劫財が喜神なら、兄弟姉妹や友人の援助によってうまくいきます。忌神の場合、兄弟姉妹や友人のために苦労をする、もしくは兄弟姉妹や友人が要因で破財すると考えます。

駅馬星が食神傷官の場合は、食神傷官は自分の思想、考え、欲を司るので、自分の考えや欲が多いと判断します。

命式で正財星が駅馬になる場合は、動く中で金儲けをする象なので、とても疲れることになります。さらに食神傷官があれば、技能や技術によって金儲けをする象です。例えば、トラック運転手などです。偏財は駅馬星の場合は、流動する財を求める象ですので、例えばディスコを経営する、ギャンブル、ホテル業、投資するなどが考えられます。

結婚を見るときも、駅馬星は大きな判断要素になります。この点は、盲派四柱推命の得意分野です。男性の場合は、大運・流年の駅馬星が、命式中の正財か偏財と関係し、さらに、桃花と関係する場合は、結婚する可能性が高いです。女性の場合は、駅馬星が、正官星か偏官星、桃花と関係があれば、結婚する可能性が高いです。既婚者は、駅馬星が夫妻宮（日支）もしくは財星（官星）と刑冲破害になる場合、夫婦の関係に関して、良くないことが発生し、離婚もありえます。

盲派四柱推命では、身旺で、命式に財星も強く、駅馬星がある人は、動きながら大儲けします。身弱で財星が弱く、駅馬星がある人は、頑張っても、苦労ばかりで裕福になれないかもしれません。

駅馬星が命式で喜神なら、本人は動けば動くほど、吉になります。忌神の場合は、動くと凶の結果になります。

駅馬星に関する実例

【例1】 男性（1987年11月16日寅時）

年	丁	卯
月	辛	亥
日	己	巳
時	丙	寅
	天干	地支

3歳起運

第一大運：庚戌大運（3～12歳）　第二大運：己酉大運（13～22歳）

第三大運：戊申大運（23～32歳）

【分析】

① 日干己土は坐偏印巳火、年干丁火と時干丙火に生じられるので、強いです。

②　年支卯木から見ると、日支巳火は駅馬星です。日支巳火から見ると、月支亥水は駅馬星です。したがって、月支亥水と日支巳火共に駅馬星です。巳火は、日干から見て偏印で、亥水は偏財です。月柱は辛亥で、辛金は日干から見て食神です。食神生財の格です。辛金は地支に通根せず、とても弱いので、財を生ずる力がとても弱いです。食神は本人の技能、能力ですので、この部分が弱いと考えます。

③　命式を見ると、巳亥冲、寅巳害があり、印星巳火も官星寅木もダメージを受けています。巳火は印星で学歴を司り、本人の学歴はそう高くないと判断できます。また、巳火は年駅馬といい、冲されると、若くして故郷を離れ、転々と移動しながら仕事をすると考えます。

④　第二の己酉大運、日干己土を発動させ、さらに日支の巳火も発動され、亥水を冲します。酉金と年支卯木が冲するので、地支は乱動となり、この大運から駆けずり回るようになって、苦労をする大運になります。

⑤　第三の戊申大運、申金と時支の寅木が冲になります。命式に亥水、巳火、寅木、さらに大運の申金が来て、四つの駅馬星が全部揃いました。この大運もゆっくりできず、激しく働くことになります。

【例２】　男性（1977年5月6日亥時）

０歳起運

第一大運：甲辰大運（0～9歳）　第二大運：癸卯大運（10～19歳）

第三大運：壬寅大運（20～29歳）　第四大運：辛丑大運（30～39歳）

	天干	地支
年	丁	巳
月	乙	巳
日	癸	亥
時	癸	亥

第五大運：庚子大運（40～49歳）　第六大運：己亥大運（50～59歳）

【分析】

① 日干癸水は日支亥水と一体で、日柱と時柱が伏吟で、水の力が強く、身旺です。

② 月支巳火で、年柱丁巳一体で、命式中、火も強いです。火は財星です。

③ 身旺で、命式に財星も強いです。月干乙木は食神で、食神生財の格局で、本人は身に着けた技能によって、かなり儲かるようになります。

④ 年支巳火から見ると、日支亥水と時支亥水が駅馬星です。日支亥水から見ると、年支巳火と月支巳火が駅馬星です。二つの巳火と二つの亥水が冲して、比肩冲財の組み合わせですので、一生、動き回ってお金を稼ぎます。

⑤ 年柱の駅馬星は冲されると、常に、海外や遠いところへの出張で苦労します。

⑥ 比肩が多く、日支亥水は二つの駅馬星（巳火）と冲し、時柱と伏吟するため、結婚はうまくいかないです。

⑦ 第二の癸卯大運と第三の壬寅大運、木生火、財が強すぎる、吉ではありません。

⑧ 第四の辛丑大運、印星辛金は日干癸水を生じて、運勢は良くなります。

⑨ 第五の庚子大運（２０１７年丁酉年から）、金水の大運ですので、日干を助ける力が強くなり、財を獲得する力は強くなるため、実際、この大運に入ってから、一気に財運が良くなりました。２０１７年丁酉年、巳酉半合金局 生 日干癸水、丁火は日干の丁火を発動しました。この年に国際有名のＩＴ企

業に就職して、年収がとても高くなりました。

第5節　華蓋星

まず、華蓋《かがい》とは何か、なぜ華蓋と名付けられたかを理解しましょう。

易経の学問体系の発展は、当時の中国の祖先らが中国の北西部（現在の西安周辺）に立って、数千年にわたって空を観察し続けた結果です。遠古の人々は裸眼で空を観察していましたので、一番よく見えた恒星は北極星でした。北極星は最も明るく、長年観察してもほとんど移動しないので、易経は、北極星のことを帝王星として、最も尊い星と位置付けました。北極星の近くに、「M」字型のカシオペア座（仙后座）という星群があり、地球から見ると、北極星（皇帝）を守る絹傘《きぬがさ》のように見えるので、カシオペア座のことを華蓋星と名付けました。

昔中国では、皇帝が外出する際、布製の傘を後ろから差しかざし、これを華蓋《かがい》と呼びました。北極星とカシオペア座の関係が、皇帝と華蓋に似ていたのです。そして、華蓋星の一番の特徴は貴人に近づく、貴人の傍にいることです。皇帝に華蓋を差すために持っていた人は、皇帝の一番近くにいた人です。また、一番偉い人に近い存在である人は、決して一般人ではなく、叡智に溢れ、能力の高い人です。しかし、偉い人の近くにいると、常に

華蓋星表

地支	申子辰	寅午戌	亥卯未	巳酉丑
華蓋星	辰	戌	未	丑

強い緊張があり、ストレスを溜めやすく、精神的に疲れるでしょう。

したがって、命式に華蓋星のある人は、有能で、一生を通して、社会的地位の高い人と接するチャンスが多いのですが、偉い人を世話する役割ですので、政界や会社で自分が一番になることは難しく、常に補佐役や助手などになることが多くなります。性格は、尊大でありながら、孤独になる人が多いです。緊張が解けず（リラックスが下手）、うつ病になりやすく、精神的に不安定な人が多いです。

さらに、華蓋星は注目されやすく、華蓋星のある人は芸術や芸能の才能が高いです。有名な作家、詩人、画家、芸能人の人々は、華蓋星を持つ人が多いです。宗教、哲学研究、風水、占いが好きな人も多いです。華蓋星がある女性は、敬虔な信仰を持っていて、何かあれば、すぐに神様に祈る人が多いです。占い依存になる人もいます。

命式に華蓋星と桃花星という素敵な組み合わせがあれば、有名になります。華蓋星が空亡になる人は、出家することが多く、もしくは一生孤独になる人が多いです。華蓋星が空亡の人は、欲が浅くて、孤高で世俗に染まらず、物質より心の安らぎに価値を置く人が多いです。華蓋星が官星か印星と吉の組み合わせになれば、社会で偉くなって有名になります。

命式に華蓋星がある人は、家族との縁が薄いと考えます。例えば、仕事で出張が多く、夫婦や子供と一緒にいる時間が短いと判断できます。二つ以上があれば、家族との縁はさらに薄くなります。

華蓋星の調べ方は、年支か日支が申、子、辰で、命式の残り三つの十二支が辰ならば、それが華蓋星になります。例えば、辰年生まれで、辰刻生まれなら、辰刻が華蓋星になります。子日生まれで、辰月生まれなら、辰月が華蓋星になります。

命式に華蓋星があって空亡になる、もしくは命式・大運・流年の間で刑、冲、破、害になる人は、仕事や健康、結婚などに悪い影響を与えます。このような命式を持つ人の一番の改運法は、仏教などの正しい教えを信仰することです。お経を読んだり、宗教に関する本を読んだり、神仏の加持をいただくようにすれば、凶を避けて吉に赴くことができます。

華蓋星についての実例

【例】女性（1972年4月19日辰時）

	天干	地支
年	壬	子
月	甲	辰
日	庚	辰
時	庚	辰

壬子年　甲辰月　庚辰日　庚辰時

5歳起運

第一大運：癸卯大運（5～14歳）　第二大運：壬寅大運（15～24歳）
第三大運：辛丑大運（25～34歳）　第四大運：庚子大運（35～44歳）
第五大運：己亥大運（45～54歳）

【分析】

① 日干庚金は辰月に生まれ、地支に印星辰土が三つあり、時干比肩に助けられるので、身旺の命式です。年干の壬水は、天徳貴人であり、月徳貴人でもあるので、神様に愛されたような命式です。

② 四柱の八字は皆陽で、日柱庚辰は魁罡で、時柱と伏吟します。盲派四柱推命では、男性の命式は四柱

が全部陰の干支になる場合は、気が弱すぎて男らしくないと考えます。女性の命式の四柱が全部陽の干支なら、男の性格を持っていて、気が強いです。この例、四柱は全陽であり、さらに日柱と時柱共に魁罡です。あまりに気が強すぎます。

ただし、年柱壬子の納音は桑柘木（盲派四柱推命は、年柱の納音と日柱の納音で性格を見ることがある）で、表は非常に強くて、強情で豪気があるが、心が優しくて、弱い人を助ける面もあると読みます。プライドがとても高く、人前では、自分の才能、魅力を見せようとしますが、絶対に自分の弱気を見せない性格です。

③　年柱壬子は一体で、五行の水が強いです。さらに地支に三つの辰土があって、辰土は水庫で、絶えず壬子に水を送るので、命式に水の力は非常に強いです。壬水は日干庚金の食神、月干甲木は偏財です。この命式は食神生財の格局です。食神が強いことから、財を生み出す能力が高いと考えられます。

④　年支の子から見れば、三つの辰は華蓋星であり、日支から見れば、辰月と辰刻が華蓋星となります。つまり、合計三つの華蓋星があるわけです。とても聡明で、頭脳の回転が速く、商売に向いています。ただし、辰と辰は自刑ですので、本人の性格は不安定で、神経質で、些細なことで怒ったりします。

⑤　第三の辛丑大運と第四の庚子大運は、比肩劫財の大運ですので、本人にとって、さらに強くなり、財を得る力は強くなります。丑土は日干庚金の天乙貴人です。この大運は、助けてくれる人たち（貴人）が多いです。庚子大運に入ると、子水は年支の子水を発動させ、三つの辰土と合し、人間関係がとても良く、財運も良かったです。

⑥　２０１５年乙未年は大凶の流年です。辰の中の蔵干乙木は透干したので、乙庚合で、本人の不倫関

係が夫に発覚しました。未土と子水と害の関係で、子辰との合を破壊しました。二つのことから、この年に夫婦関係が悪くなるか、夫が病気になると考えられます。実は、この年、二人はよく喧嘩し、離婚しそうになりましたが、２０１６年丙申年に入ると、落ち着いたそうです。

第６節　禄神

禄神《ろくじん》、または、十干禄と呼びます。禄神に関する一般的な解釈は、吉運、財運、社会的地位、健康で長生きなどとされていますが、実際に、どのように禄神を使うかについては、ほとんど説明されたことがありません。盲派四柱推命では、禄神を重視します。禄神がついた地支が、ほかの地支と冲剋会刑害破などの関係になれば、天干にも影響があります。他には、病気や怪我などのことは、禄神と他の地支との関係によって分析することができます。

禄神の調べ方は、以下のとおりです。

盲派四柱推命では禄神をかなり使います。まとめると下記のようになります。

禄神表

十天干	甲	乙	丙	丁	戊	己	庚	辛	壬	癸
禄神	寅	卯	巳	午	巳	午	申	酉	亥	子

1．命式に正印と偏印がなく、年支もしくは月支に禄神があれば、禄神を母親とみることもできます。例えば、日干甲木は寅年もしくは寅月に生まれ、命式に水（＝印星）がまったくない場合、寅木の蔵干は、甲木、丙火、戊土ですので、日干甲木は月支の寅木に通根します。年柱と日柱は定位として父母を意味しますので、年支もしくは月支に寅木があれば、母親と見ることができるのです。

2．命式に禄神が一つだけあり、ほかの地支と冲剋害刑、空亡など悪い関係がなければ、生まれつきに吉運を持っていると判断します。冲剋害刑、空亡があって、禄神にダメージがあると大凶です。ひどい場合は、命に関わる災いがあると判断します。

3．命式に日干以外に比肩があって、禄神を奪い合う（比肩争禄格）ような格局は、大凶です。お金のために、とても苦労し、駆けずり回ることになります。また、比肩が多いと、必ず競争が激しくなるので、比肩争禄格の人は、一生、他人と競争するようなことになります。

4．禄神が空亡になる場合は大凶です。たとえ能力が高くても、運が悪く、一生自分の希望を叶えることができません。不遇の人生を送ります。

盲派四柱推命における禄神の基本ルールは以上です。また、禄神は、四柱のどの位置にあるかによって意味が変わってきます。

1．年支が禄神の場合、歳禄《さいろく》といいます。歳禄は冲剋刑害空亡を受けなければ、裕福な家庭で生まれ、両親や先祖から恩恵を受けます。気質がとても良く、自信があります。冲剋刑害されると、少年時代の生活は苦しいです。日干が身旺の場合は、家業を継承するのではなく、自力で創業します。

2．月支が禄神の場合、建禄《けんろく》といいます。冲剋刑害空亡がなければ、実務的で、努力家で、中年になると、事業を成功させて安定した生活となります。

3．日支が禄神の場合、専禄《せんろく》といいます。

4．時支が禄神の場合、これが最も重要で、帰禄《きろく》といいます。

二つの例で見てみましょう。

【例１】　女性（1969年5月29日寅時）

	年	月	日	時	
天干	己	己	甲	丙	
地支	酉	巳	辰	寅	（寅卯空亡）

2歳起運

第一大運：庚午大運（2～11歳）　第二大運：辛未大運（12～21歳）

第三大運：壬申大運（22～31歳）　第四大運：癸酉大運（32～41歳）

第五大運：甲戌大運（42～51歳）　第六大運：乙亥大運（52～61歳）

【分析】

1．日干甲木の人は、一般的に能力が高く、凡庸な人ではないことが多いです。

2．巳月生まれの甲木。巳火の蔵干丙火は時干に透干して、丙火は日干甲木の食神ですので、食神格です。命式中、火がとても強いです。甲木坐偏財辰土、年干と日干共に正財己土です。月支巳火と時干丙火は三つの財星を生じるので、土も強いです。火土が強く、甲木の気を洩らします。甲木は寅木に通根しますが、天干と地支共に印星がなく、唯一あるのは、日支辰土の蔵干癸水だけです。癸水はとても弱く、甲木を生じる力も極めて弱いです。したがって、日干甲木は極身弱と判断します。五行の木は植物ですので、盲派四柱推命では、木を生きる木と死木に分けて分析します。この命式は、日干木は坐水庫辰土で、辰の蔵干の癸水によって生じられ、また、時支寅木に通根するので、生きる木とします。

3．時支の寅木は、日干甲木の禄神です。盲派四柱推命は、時支にある禄神を最も重視し、「帰禄」と呼びます。禄神は、まず巳火と害の関係があります。次に、年支と日支からみると、寅卯は空亡です。禄神は日干の「身体」であり、日干の状態は各大運・流年において、勉強、仕事、結婚、健康状態などに影響します。禄神が空亡もしくは冲刑害破になると、ダメージを受けて、結果、日干も大きなダメージを受けます。巳火は、日干甲木から見て傷官で、寅木と害の関係です。自分の考えや生活習慣（生活リズムや飲食習慣）などによって、自分の身体に害を与えるようになると考えられます。命式に寅巳の害がある人は、高血圧、血液、肝臓に関する病気になる傾向があるほか、事故による骨折などの怪我があると判断できます。ただし、巳火か寅木のどちらかが空亡なら、以上のような病気や災いから逃れることが可能です。この命式の主が健康で大きな怪我もなく生きることができたのは、禄神寅木が空亡しているからです。

4．禄神が空亡になると、以下のように考えます。

①　禄神を身体と見るので、禄神が空亡になると、本人の運命は一生不遇である可能性があります。成功しようとすると、他人よりかなりの努力をしないといけません。したがって、一生苦労をする命式です。

②　空亡とは虚の意味で、実在、実体がないという意味です。もう一つの意味としては、隠れている、見つからないという意味です。例えば、アーチェリーをする時、標的を狙って射撃するのですが、標的を見つけられなければ撃ちようがありません。寅巳害は、次のように考えると良いでしょう。禄神寅木を身体で標的とします、巳火を矢とします。寅木が空亡であるので、標的が隠れてしまう、見えなくなるということですから、矢に射られることもありません。しかし、命式で寅が空亡していても、寅の大運や流年に入ると、寅の空亡が実填され、標的が現れ、巳の矢は寅木を射貫きます。結果、傷害を受けます。

③　禄神空亡のもう一つの象は、親からの援助がなく、すべて自分の努力で生きていくという意味です。

以上の分析から、本人には能力があるが、運に恵まれず、一生懸命努力してもうまくいかないことが多くなります。

5．時干丙火は食神で、月支巳火に通根しているので、とても強いです。年干と月干の己土を生じて、食神生財の格局となります。食神傷官格の人は、自分の頭脳や能力によって収入を得ます。実際、本人はＩＴ関連の仕事をしていて、小さな会社の経営者です。日干甲木と己土は合し、坐偏財辰土ですので、財に囲まれます。日干は弱、財が強旺ですので、財は忌神です。本人は一生金儲けするために努力するが、禄神が空亡のため、一生懸命頑張っても成果がありません。天干に二つの正財が透干するので、一見、金持ちに見えますが、実は金持ちではありません。お金に困ることはあまりないですが、裕福ではありません。

6. 第三の壬申大運と第四の癸酉大運は、印星の大運であり、日干甲木を生じ、日干は強くなり、金儲けをする力も強くなります。この二つの大運は大吉で、事業もとても良かったようです。特に、癸酉大運、酉金は桃花で、年支の酉金を発動させるので、その方面で、とても有名になりました。

【例2】 男性：1989年5月24日寅時

年　己　巳（丙未空亡）
月　己　巳
日　甲　申
時　丙　寅
　天干　地支

6歳起運
第一大運：戊辰大運（6～15歳）　第二大運：丁卯大運（16～25歳）
第三大運：丙寅大運（26～35歳）

【分析】

1. この命式と前例とが似ている点は、時支の寅木が日干甲木にとって禄神であるということです。また、時干丙火は日干甲木の食神で、年干と月干は正財ですので、食神生財の格局です。ただし、詳細に分析してみると、前例とまったく状況が違います。一番の違いは、禄神の寅木が空亡でないことです。

2．命式にまったく水がなく、年支と月支は巳火、時干は丙火で、火は非常に強く、火多木焚ぎて木が完全に燃えてしまう）の状態です。甲木坐申金、申金は甲木の偏官（七殺）で、甲木を強く克します。

3．地支を見ると、①寅巳申三刑が揃っています。②二つの巳火は日支の申金と妬合します。③寅木と巳火が害の関係です。④寅木と申金は冲の関係です。四つの地支の関係はとても乱れていて、ずっと戦っている状態になります。

4．禄神寅木は日支申金に冲剋されてダメージを受けます。二つの巳火と害することにより、さらにダメージを受けます。

5．第三の丙寅大運、時柱と伏吟です。丙火の禄神は巳火ですので、巳火を発動させ、火の力は非常に強く、時支の寅木を害する力も強くなります。大運の寅木は時支の寅木を発動させ、木の力も強くなり、巳火と抵抗しようとします。２０１６年丙申年、大運と流年に丙火が揃い、火は強くなりすぎます。さらに、日支の申金も発動し、申金と寅木との戦いも強くなります。寅、巳、申の全部が発動し、三刑の被害が最大となり、この年に白血病で亡くなりました。

6．仕事については、食神生財の格局ですので、頭脳を使って、株式投資などの仕事をします。金持ちではないが、一般の人より収入は高く、裕福で楽な生活ができます。

第7節　羊刃

禄神の次の地支が羊刃《ようじん》となります。例えば、甲木の禄神は寅木で、寅木の次の地支卯木が羊刃です。乙木の禄神は卯木で、卯木の時計逆回りの次の地支が寅木ですから、寅木は乙木の羊刃となります。羊刃は陽刃《ようじん》とも呼びます。羊刃とは、五行の本気が強まることを指します。羊は強すぎる意味で、刃は羊を切る刃物です。物事はやりすぎると、必ず災いを招き、怪我をする意味を表します。命式に羊刃が用神につく場合は、とても聡明で、気が強く、果断、大胆、勇敢、仁義的などの性格となります。忌神の場合は、凶悪、無鉄砲、酷いことをする、占有欲が深い、疑り深い、侵害、せっかちな性格などです。代表する象は、刀、武器、兵器、手術、武装、司法などです。

羊刃の調べ方は、日干で見ます。下の表を参考してください。

命式にある羊刃をうまくコントロールできると、例えば、軍人、警察、法執行官、外科医、運動選手などになります。命式にある羊刃が強すぎて制御が利かなければ、犯罪者、ギャンブラー、殺人犯、屠畜業者、やくざなどになります。

盲派四柱推命は羊刃について、以下のように考えます。

羊刃表

日干	甲	乙	丙	丁	戊	己	庚	辛	壬	癸
羊刃	卯	寅	午	巳	午	巳	酉	申	子	亥

5. 命式に寅巳申三刑が揃い、木が最も強いです。寅木生巳火剋申金、七煞申金はダメージを受けやすいです（盲派四柱推命の考えとしては、命式にある天干地支は、大運・流年から発動されなければ、それぞれの生剋関係があっても、実際に生剋は実行されず、ダメージを受けない。例えば、寅巳申三刑が命式にあっても、寅・巳・申の大運や年運が巡ってこなければ、三刑が強く発動することはないということ）。

6. 年柱甲寅と日柱甲申、天比地冲（天干甲木は比、地支は寅と申冲）で、七煞申金冲剋禄神寅木で、災いを招く組み合わせです。

7. 第一と第二の癸丑大運と壬子大運は、印星の大運で、日干はさらに強くなります。印星は忌神ですので、少年時代の家庭環境は良くないです。

8. 第三の辛亥大運、官星生印星亥水、亥水生日干甲木、また忌神の大運ですので、不遇の運勢で、悪いです。

9. 第四の庚戌大運、庚金冲剋甲木、また庚金は七煞申金を発動して、禄神寅木を冲剋するので、寅木は大きなダメージを受け、大凶です。

10. 戌は偏財で、本人は正当な稼ぎ方をしないと判断します。卯戌合、卯は羊刃で、日干甲木の劫財でもあるので、卯は比劫の象になります。

11. １９９４年甲戌年、甲木を発動したことによって、甲木、寅木、申金がすべて発動され、寅申冲の力が強く出ます。盲派四柱推命では、寅申冲の一つの象として、道路で何かをすることがあります。この年に、道路で刃物を持って強盗をして、捕まりました。

12. １９９８年戊寅年、１９９９年己卯年、禄神寅木と羊刃卯木が発動され、比劫が強まり、刃物を持って強盗をし続けました。1999年に強盗をする際、他人に怪我をさせました。

13．2001年辛巳年、七煞申金と傷官巳火共に発動しました。空亡の巳火が実填され、空亡ではなくなり、寅申巳三刑が発動しました。日支で見ると、巳火は劫煞です。劫煞の大運・流年は必ず災いがあります。この年に、羊刃卯木と七煞申金が暗合、七煞申金と巳火と合、寅申巳三刑という大凶の組み合わせによって、本人は裁判で死刑判決を受け、処刑されました。

【例2】男性（南宋時代の有名な将軍、1103年3月24日巳時出生〜1142年1月27日死去）

	天干	地支
年	癸	未
月	乙	卯
日	甲	子
時	己	巳

8歳大運（1111年）

第一大運：甲寅大運（8〜17歳）　第二大運：癸丑大運（18〜27歳）

第三大運：壬子大運（28〜37歳）　第四大運：辛亥大運（38〜39歳）

【分析】

1．卯月生まれの日干甲木、月柱乙卯は木一気で、木がとても強いです。卯は日干甲木の羊刃で、羊刃格です。月支の羊刃は、冲剋刑害などのダメージを受けず、蔵干の乙木は透干し、年干癸水に生じられるので、大吉です。年支から見ると、卯木は将星です（羊刃と将星が一体になると、武職の意味となり、軍隊や警察のエリートになる可能性がある）。蔵干の乙木は、時支巳火の蔵干の庚金と乙庚合で、羊刃七煞との組み合わせとなります。したがって、軍隊の元帥となって、軍隊を率いて外敵と戦いました。

2．卯未半合木局。乙木は透干し、年干癸水と日支子水は卯木を生じます。日干の甲木と時干己土の合は、合拌ですので、合化できません。命式に木は非常に強いので、火で木の気を洩らすことが良いので、時支の巳火を用神にします。時支巳火の蔵干に、七煞庚金、食神丙火と偏財戊土があります。

3．時支の傷官巳火は、一見、とても弱くて、時干己土を生じ、隣の日支子水に剋されそうですが、詳細に分析してみると、日支子水は直接に巳火を剋することができず、逆に、子水生日干甲木、甲己合することによって、木生火とすることができます（第2章第4節天干地支の生剋路線を参考）。巳火は冲剋刑害などを受けていないので、ダメージはなく、弱とは考えません。

4．第四の辛亥大運は、亥水、卯木、未土が三合木局で、羊刃卯木の凶性はさらに強くなります。また、この大運で、亥水は傷官巳火を冲剋しますが、亥卯未三合していますので、亥水は巳火を冲しません。正官辛金は日干甲木を剋しますが、辛金生亥水ですから、剋する力が弱く、凶とはなりません。

ただし、辛酉流年（1141年）に入ると状況が一変します。年支から見ると、酉金は災煞です。流年の地支（太歳）は絶対的パワーを持つので、酉金の出現は本人にとって致命的となります。流年辛酉と月柱乙卯とは、天剋地冲（天干辛金剋月干乙木、災煞酉金冲剋羊刃卯木）で、大凶です。また、大運・流年の二つの辛金剋甲木と乙木、木は非常に大きなダメージを受けます。さらに、卯酉冲は、亥卯未の三合を解き、大運の亥水は冲剋時支巳火となり、命式のバランスが一気に崩れてしまいます。

この年、兵権を奪われ、冤罪のために謀殺されました（1142年1月はまだ辛酉年）。時柱は子供の宮で、巳火の蔵干である偏官庚金は息子です。巳亥冲から、巳火も大きなダメージを受け、同時に蔵干にあるものはすべてダメージを受けますので、息子も一緒に殺されました。

第8節　将星

本章の第1節に、文昌貴人を詳解しました。文昌貴人は文昌星ともいい、命式に文昌星がある人は、文才に優れ、学習能力が高いと見ます。これと相対して、将星《しょうせい》という神煞があります。将星は将帥に関する能力があるかどうかを判断する神煞です。命式に将星があり、印星や官星などと良い組み合わせがある人は、武職に向いていて、軍や警察、司法のエリートや将軍になります。悪い組み合わせがある人は、やくざのリーダー、犯罪グループのリーダーのような人になります。命式に何らかの神煞があれば、それは必ず何事かを表していますので、神煞を考慮せず推命するというのは、かなり不十分です。ぜひ神煞について、よく理解し、推命に活用してください。

将星は、年支と日支で調べます。三合の真ん中の文字が将星です。例えば、命式の年支や日支に、申子辰のどれかがあって、他の三つの十二支に子があれば将星です。以下に一覧を書いておきます。例えば、寅年生まれの人は、月支、日支、時支に午火があれば、将星を持っていることになります。

ある意味では、将星は三合局の五行の帝旺（羊刃）ですので、羊刃の性質も含まれていますが、吉の性質が高いです。命式の用神になるとき、権威や仁義があり、組織力とリーダーとしての資質があると判断できます。命式にある人の性格は、冷静で勇気があり、危険にさらされても恐れない、周りに尊敬され、影響力のある人物になります。命式に七煞が喜神としてあって、さらに亡神との組み合わせがあり、ダメージを受けていなければ、国の大黒柱になります。もしくは武道の方面で有名になります。将星が忌神の場合は、かなり頑固で人の意見を聞かない、傲慢な性格となります。

注意点としては、将星は両刃の剣の面があり、将星が日干の十二長生の病、死、絶の位であるとか、もしくは命式では冲刑害剋されていなくても、冲刑害剋される大運・流年になれば、凶として働くことです。失脚するとか、場合によっては権力闘争に負けて、牢獄の災いが起こることもあります。したがって、このような命式の人は、悪い大運と流年になる前に、油断をせず、専門家によって改運しなければいけません。

将星表

地支	申子辰	亥卯未	寅午戌	巳酉丑
将星	子	卯	午	酉

【例】男性（中国漢代の皇帝）

	天干	地支
年	癸	巳
月	甲	子
日	丁	酉
時	甲	辰

【分析】

1. 冬の子月生まれの日干丁火は、金寒水冷で、とても寒い命式ですので、調候する必要があります。年支巳火は命式全体を温めることができるので、巳火を用神とします。

2. 年干の七煞癸水は、月支子水に通根し、時支に水庫辰土があるため、根が極めて強いので、強い忌神です。幸い、月干甲木は癸水を洩らして日干丁火を生じるので、本来日干を強く剋するはずの七煞の凶気を日干に使えるようになります。

3．年支巳火から見れば、酉金は将星です。日干丁火から見れば、巳火は羊刃です。巳酉は金局半会し、将星と羊刃の組み合わせです。将星と羊刃の組み合わせから、残酷で情がない性格とわかります。

4．盲派四柱推命の考え方では、日干を中心として、日干が得られるものは、すべて、本人の物であり、利用可能なリソース（資源）です。この命式のそれぞれの作用関係を見てみると、まず月干と時干は甲木で、日干丁火の正印です。天干の象法では、甲木は十干の中で一番で、リーダー、偉い人、有能者という意味です。さらに、年干癸水と月支子水は月干甲木を生じ、月支子水と時支辰土と水局半会し、時干甲木は、印星の庫辰土の上に坐していますので、二つの甲木共に地支に通根して、とても強いです。日干の左右共に甲木で、結果、うまく周りの偉い人を利用して、自分に都合良く使うという象になります。

5．丁火は酉金に坐し、酉金は日干に所属しますので、日干は酉金を自由に支配できます。夫妻宮（日支）は、日干が本来持っているもの（所有物）と考えます。酉金が将星であることには、二つの解釈が可能です。一つは、自分が将軍という意味。もう一つは、将星酉金を自由に利用できるという意味です。巳酉金局半会、酉金の作用関係で羊刃巳火を自分のところに引っ張り込み、共に自分を助けるのです。巳酉金局半会にも、二つの象があります。一つは、本人が極めて殺伐として、とても残酷な性格をしているという読み方。もう一つは、凶徒を多く使役するという解釈です。

6．月支子水は時支辰土と半会、辰土と日支酉金が支合することによって、年柱癸巳、月柱甲子と時柱甲辰がすべて日支酉金との作用関係によって、日干丁火の下に集められ、自分の部下となり、丁火の命令に従うようになります。

7．月支子水から見ると、羊刃巳火は天徳貴人で、正印甲木は月徳貴人です。年干癸水から見ると、巳火は天乙貴人です。日干丁火から見ると、将星酉金は天乙貴人です。煞気を帯びたほとんどのものは、皆、貴人としてこの人に従います。

8．己丑年、巳酉丑金局三合で、巳火は完全に丁火に隷属してしまっていて、この人は時代の覇者となりました。

第9節　空亡

空亡《くうぼう》は、六甲旬空とも言います。空亡は、四柱推命では、頻繁に使用される神煞の一つです。空亡は年柱と日柱から見ます。一般に、命式を立ててから、まず空亡を調べます。年柱から調べる空亡を「大空亡」、日柱から調べる空亡を「小空亡」といいます。空亡の「空」は、虚偽、実ではない、の意味です。亡は、死亡、ない、失くす意味を表します。

しかし、実際は、空亡がつく地支は、「まったく存在しない、ほかの地支に対して作用しない」ということではなく、一時的に影響していないものと考えてください。命式で空亡している地支であっても、その十二支の大運・流年になると、空亡が穴埋めされ、空亡の状態から脱して、ほかの天干地支に作用するようになります。このように、空亡の地支が大運・流年に穴埋めされることを「填実《てんじつ》」と言い、空亡の地支が「出空」したと言うこともあります。また、「穴埋めされる」填実ばかりでなく、命式にある空亡の地支が冲や合する大運・流年に入る場合も、填実となります。

命式に空亡があれば、即、大凶と判断されるケースをしばしば見かけますが、それは大間違いです。空亡は中性の神煞で、喜神が空亡になれば凶、忌神が空亡なら、逆に吉と判断します。しかし、命式で忌神が空亡であった場合、吉ではありますが、大運や年運がよって填実されてしまうと、災いに遭うのがとても速いです。例えば、本章第6節禄神についで、二つの事例を書きました。例1の女性の四柱は、禄神は空亡であるため、病気から逃れ、とても健康だったのに対し、例2の男性は禄神空亡ではないため、若くして白血病になったのです。

六甲旬空とは、天干は十個あり、地支は十二個あり、地支が二つ余るので、余った二つの地支を空亡と言います。空亡は下の表を参考してください。

【例】男性

	天干	地支
年	己	巳
月	乙	亥
日	己	卯
時	甲	戌

年柱己巳から見ると、己巳は甲子旬です。甲子旬の空亡は戌亥です。命式に月支は亥水、時支は戌土ですので、月支と時支共に空亡です。日柱己卯から見ると、己卯は

六甲空亡表

甲子旬	甲子	乙丑	丙寅	丁卯	戊辰	己巳	庚午	辛未	壬申	癸酉	戌亥空亡
甲戌旬	甲戌	乙亥	丙子	丁丑	戊寅	己卯	庚辰	辛巳	壬午	癸未	申酉空亡
甲申旬	甲申	乙酉	丙戌	丁亥	戊子	己丑	庚寅	辛卯	壬辰	癸巳	午未空亡
甲午旬	甲午	乙未	丙申	丁酉	戊戌	己亥	庚子	辛丑	壬寅	癸卯	辰巳空亡
甲辰旬	甲辰	乙巳	丙午	丁未	戊申	己酉	庚戌	辛亥	壬子	癸丑	寅卯空亡
甲寅旬	甲寅	乙卯	丙辰	丁巳	戊午	己未	庚申	辛酉	壬戌	癸亥	子丑空亡

甲戌旬です。甲戌旬の空亡は申酉です。命式に申金と酉金はないので、日柱の空亡はありません。

空亡は四柱空亡と十神空亡に分けられます。上述のとおり、忌神は空亡すれば吉、喜神が空亡すれば凶ですので、四柱空亡・十神空亡共に、これだけで判断することはできませんが、世間一般に言われている内容として、参考までに紹介します。

1．四柱空亡

①　**年柱空亡**：年柱は先祖や父母宮です。また、少年時代を表すので、年柱空亡は、一生苦労が多く少年時代（16歳以前）の運勢が悪く、病気も多いです。親からの援助はなく、ほとんど自力で生活します。

②　**月柱空亡**：月柱は月令で、四柱を判断する時に、六親十神の旺衰を判断する要素ですので、パワーはとても強いです。月柱は兄弟宮で、父母と兄弟姉妹のことを反映します。月柱が空亡になると、両親や兄弟姉妹との縁が薄いと考えます。また、月柱は青年時代（16～32歳）を司るので、空亡になると、青年時代の運勢が良くなくて、苦労をします。

③　**日柱空亡**：日柱は夫妻宮です。空亡の場合は、夫婦の縁が薄くて、結婚しにくいです。特に、命式に、男性の場合は財星、女性の場合は官星がなくて、さらに日柱空亡の場合は、なかなか結婚できません。たとえ結婚したとしても、離婚するか、死別になる可能性があります。また、日柱は中年時代（32～48歳）を司るので、空亡になると、中年時代の運勢が良くないと考えます。

④ **時柱空亡**：時柱は子供宮です。空亡になると、子供との縁が薄いです。子供ができにくいか、成人後、子供が遠いところへ行って、なかなか会えないと考えます。ひどい場合、子供が先に亡くなる可能性もあります。また、時柱は老後も司るので、本人が晩年、孤独、貧困になる可能性が高いです。

2. 十神空亡

① **比肩空亡**：同性の兄弟姉妹との仲が良くないか、もしくは縁が薄いです。兄弟姉妹や友人と共同事業などは行わないほうが良いです。

② **劫財空亡**：異性の兄弟姉妹との仲が良くないか、もしくは縁が薄いです。金遣いが荒いです。

③ **傷官空亡**：傷官は女性にとって息子です。空亡になると息子がいないか、もしくは少ないです。また、子供が自分より先に亡くなることがあります。男性の場合は、傷官を娘と見る場合がありますが、空亡であっても程度は軽いです。

④ **食神空亡**：食神は女性にとって娘です。空亡になると、娘に不利があります。男性の場合は、食神を息子と見る場合がありますが、空亡であっても程度は軽いです。

⑤ **正官空亡**：男性の場合、正官星は息子です。息子が授かりにくいか、もしくは少ないです。また息子は小さい頃から体が弱くて、病気をしやすいでしょう。また、正官は仕事や権力を意味します。空亡の場合、官僚や大きな組織での仕事に向いておらず、たとえ、権力を握っても何かの原因で官職を奪われ、仕事に悪い影響があります。女性の場合、正官は夫です、空亡になると、夫婦の縁が薄く、夫が早逝す

るか、もしくは離婚します。官星と夫妻宮共に空亡の場合は、結婚する可能性は極めて低いです。

⑥偏官空亡：偏官は男性にとって娘です。空亡になると、娘が授かりにくいか、もしくは娘との縁が薄いです。また、偏官は権威を司ります。空亡になると、有権者になれません。女性にとって、夫もしくは他の男性です。空亡になると、結婚はうまくいかないと考えます。ただし、命式が官煞混雑で、正官星共に空亡になるなら、逆に吉になります。

⑦正財空亡：男性にとって、正財は妻と財運を意味します。空亡になると、離婚か、もしくは妻が早逝します。あるいは財運が悪いです。

⑧偏財空亡：偏財は父親を意味します。空亡になると、父親は長生きできないと判断できます。あるいは、財運が悪くて、お金を貯められません。男性の場合は、再婚する可能性があるか、もしくは妻に災いがあります。

⑨正印空亡：正印は母親を意味します。空亡になると、母親との縁が薄いです。正印は月柱で空亡になる場合、母親は早逝する可能性が大きいです。その他、正印は権威、学業、仕事を意味します。空亡になると、仕事や権力に関する災いがあります。

⑩偏印空亡：母親に不利があるが、程度は正印より軽いです。

3. 盲派四柱推命における空亡の特徴

①命式中の空亡の地支は、他の地支と生剋関係を発生させませんが、冲合会刑害絶の象意は残ります。

いったん大運・流年で空亡の地支が填実されると、実際の作用関係が発生してきます。

② 一般的に、命式中の空亡の十神が填実になると、いいことになると考えられますが、盲派四柱推命の考えは反対です。例えば、命式に財星が空亡で、財星の大運や流年になると、敗財します。男性の場合は、恋愛や婚姻関係に関するトラブルになります。空亡の官星が填実になると、仕事がうまくいかないとか、違法行為で裁判をかけられるなどになります。官煞混雑の場合はさらに大凶です。命式中で食神傷官が空亡していて、さらに官煞（正官と七煞）がある場合、填実になると、仕事、官職などの災いがあります。官煞がなければ、子供に関する災いがあるか、もしくは敗財します。

命式中で正印と梟印（偏印）が空亡で、かつ、命式に食神傷官がある場合、填実になると、子供に関する災いがあるか、もしくは敗財します。食神傷官がなければ、母親または学業に関する災いがあると見ます。命式で比肩劫財が空亡し、さらに財星もあれば、填実されると、父親に関する災いがあります。財星がなければ、兄弟姉妹との仲が悪くなるか、兄弟姉妹に関する災いが発生します。

③ 大運空亡と流年空亡：命式の年柱と日柱で見ると、もともと命式には空亡の地支がないのに、大運や流年の地支が空亡になることをいいます。原則的にこれは凶と見ます。

【例1】男性（1976年1月22日辰時生まれ）

	天干	地支
年	乙	卯
月	己	丑
日	癸	酉
時	丙	辰

5歳起運

第一大運：戊子大運（5～14歳）　第二大運：丁亥大運（15～24歳）

第三大運：丙戌大運（25歳）

【分析】

1. 年柱から見ると、子丑空亡で、月支丑土は空亡です。
   日柱から見ると、戌亥空亡で、命式にありません。
2. 丑土生まれの日干癸水は衰弱に見えますが、丑の月は冬季で、水気はまだ強いです。癸水通根金庫（印庫）丑土と水庫（比劫庫）辰土、坐偏印酉金です。また、酉金と丑土金局半会で、五行の流れは、土生金、金生水ですので、日干癸水は決して弱くなく、むしろ強いと判断します。したがって、食神の乙卯は癸水の気を洩らす力も強いので、用神とします。
3. 月支丑土から正気己土は透干して、七煞格です。年柱乙卯は天干と地支共に木で強くて、共に日干癸水の食神で、剋七煞己土の力が強いです。丑土と酉金との半会の象意は、自分の能力で七煞（仕事）を得られるということです。ただし、卯木と酉金との冲の関係によって、この仕事を失います。
4. 丁亥大運：亥水は日干癸水の根です。蔵干壬水はこの人の劫財で、亥水空亡の象意は、大勢と群れるような人間ではなく、孤独で、友達がほとんどいないことです。亥水は日干癸水の羊刃で、年支卯木と木局半会です。この意味は暴力性です。
   ２０００年庚辰流年、正印庚金は年干乙木と合拌して、地支は辰土と年支卯木とを害します。太歳のパワーが一番強いので、二つの辰土刑卯木、卯木はかなりダメージを受けます。乙卯は己土を剋することができなくなります。また、太歳辰土と時支辰土が揃って丑土を破することによって、己丑が発動し、七煞のパワーを激発させます。庚辰と年柱乙卯は天合地害、用神の乙卯に対して大きなダメージを与え、七煞己土をコントロールできなくなったため、この年に強盗殺人で捕まりました。

5．丙戌大運：普段、乙木はうまく七煞己土をコントロールできているので吉ですが、戌の空亡が巡ってきたことによって命式のバランスが崩れました。丙火は命式の時干を発動させ、七煞己土を生じます。戊土は年支卯木と合拌、乙木生丙火、用神乙木が七煞己土を制圧する力は前年の庚辰年より弱まります。戊土と辰土とが冲で、戊土の蔵干辛金と辰土の蔵干の癸水と乙木共に発動することになりました。

２００１年辛巳流年、巳酉丑金局三合で、天干梟印辛金と揃って、金の力は極めて強くなります。巳酉丑三合を合わせて年支卯を冲剋します。天干辛金は年干乙木を冲剋します。用神の乙卯はこの年、致命的な打撃を受けました。盲派四柱推命では、「梟印奪食《しょういんだっしょく》」といいます。梟印奪食は、ひどい場合は人の命を奪うのですが、辛巳年に死刑判決を受け、処刑されました。

【例2】男性（1995年11月16日寅時生まれ）

3歳起運

第一大運：丙戌大運（3～12歳）　第二大運：乙酉大運（13～22歳）

第三大運：甲申大運（23～32歳）

	時	日	月	年
天干	庚	辛	丁	乙
地支	寅	亥	亥	亥

【分析】

1．年柱から見ると、申酉空亡です。時柱から見ると、寅卯空亡です。

2．申酉は日干辛金の比肩劫財です。寅卯は正財偏財です。男性は財星空亡の場合は、結婚に不利があります。正財星寅木と夫妻宮亥水とが支合ですが、寅は空亡のため、なかなか結婚できません。第二の乙酉大運は比肩大運で、比肩は劫財の役割ですので、結婚できません。

3．第三の甲申大運、申金と亥水とが害の関係、財星寅木と刑冲の関係ですので、またまた、結婚に不利です。2020年壬寅年は財星を填実し、月柱丁亥と丁壬合となり、寅亥合で天地合となりますが、「月柱に奪われた象となり」、結婚できませんでした。

この「月支に奪われた」という読み方は、伝統派四柱推命にはありません。これは、盲派特有の象法です。象法は、とても複雑、かつ自由自在で、簡単にパターン化・手順化することはできないのですが、上記例について、盲派でどのように考えるかを解説してみます。

盲派は、象法と理法の視点を持っています。理法では、時支寅木は日干辛金から見て正財ですから、日干の妻です。年干乙木は日干の偏財で、妻以外の女性と考えられます。年支と日支の亥水は伏吟ですから、この人は、自分の妻（寅木）よりも愛人（乙木）と親しいと考えます（盲派では、伏吟をこのように解釈することがある）。正財寅木は空亡ですが、寅木と夫妻宮（日支）の亥水と支合するので、寅木が填実されれば、結婚できると考えます。

しかし、象法は、より「活きた」読み方をします。年柱、月柱、日柱共に陰柱ですので、本人と同じ性別の男性と考えます。三つの亥水は違う男性三人を意味していて、時支寅木と争合します。時柱は、陽柱で（陰日柱とは異性である）、地支が正財ですので、間違いなく女性です。寅木は、三つの亥水と合しますので、三人の男性が争って、一人の女性と結婚しようとしている象に見えます。

寅木が空亡なのは、三人のいずれかの男性と結婚する女性が、まだ、どこかに隠れていて、姿を現していないからです。また、年柱、月柱、日柱の三つの亥水は自刑です。これは、三人の男性が友人関係などの親しい関係であって、互いに邪魔し合いながらも、切っても切れない腐れ縁にあるという意味です（こうしたケースでは、年柱を先祖や両親、月柱は両親、兄弟……といった伝統的な解釈は採用しない）。第三の甲申大運では、申が空亡の時支寅木と冲しますので、寅木が出空します。

２０２０年（壬寅年）、正財寅木は填実し、三つの亥水のどれかと合します（三つ共に同時に合することはない）。流年天干壬水は月干丁火と合しますので、月柱と天地合になります。当然のことながら、地支だけで合するよりも、天干地支共に合する天地合の結びつきのほうがはるかに緊密です。結果、せっかく現れた正財寅木ですが、月柱丁亥に奪われ、この日柱は結婚できず、取り残されたのです。

第10節　病符煞と死符煞

盲派四柱推命には、病気や死亡と密接に関係する神煞がいくつかがあります。本節では、まず、病符煞《びょうふさつ》と死符煞《しふさつ》を紹介します。

1. 病符煞

病符煞は、盲派四柱推命において病気を見る際、最も重要な神煞です。命式に病符煞があれば、身体が弱く、病気をしやすいと考えます。病符煞になる大運や流年が来ると、病気になる可能性が高いです。病符煞は、生まれた年支から後ろ一つの支です。

例えば、子年生まれの人は、月支、日支、時支もしくは大運・流年に亥水があれば、病符煞があると考えます（病符煞は、十二長生運の「病」とは違いますので、間違いないようにしてください）。

病符煞が月支や時支に入る場合は、小さな災い、病気、常に元気がない、疾厄があるなどと考えます。日柱に病符煞があれば、凶です。特に、生まれた年の干支から後ろ一つの干支になる病符星は最凶で、真病符煞といいます。例えば、乙未年生まれの人で、日柱が甲午の場合、甲午は真病符となります。乙未年生まれの人の日柱が庚午の場合は、病符煞の凶性は真病符煞より軽いです。病符煞が災煞、劫煞、羊刃、七煞などと組み合わさっている場合は、大凶です。また、命式に病符煞があり、大運・流年に災煞などの凶煞が来て、病符煞と重なると、必ず病気になります。ひどい場合は、病気で死亡することもあります。

命式に病符煞がある人は、持病があるか、もしくは隠れて発覚されていない病気を持つことが多いです。大運・流年と冲刑破害すれば、すぐに発病します。

病符煞表

生まれ年	子	丑	寅	卯	辰	巳	午	未	申	酉	戌	亥
病符煞	亥	子	丑	寅	卯	辰	巳	午	未	申	酉	戌

2. 死符煞

死符煞は大凶の神煞です。死亡することとたしかに関係はありますが、ただ、死符煞があったから、すぐに死ぬとは判断しないでください。死符煞は、一般に大きな災い、重病、怪我、トラブルなどを意味します。病符煞と対冲する地支が死符煞です。

例えば、子年生まれの病符煞は亥で、亥と対冲する地支（巳）は死符煞です（死符煞は、十二長生運の「死」とは違いますので、間違いないようにしてください）。

命式に病符煞と死符煞共にある場合、最凶で、身体が非常に弱く、持病があって、なかなか治りません。ひどい場合は、死に至ります。

【例1】 女性

	天干	地支
月	乙	巳
日	丙	戌
時	丙	辰

巳年を見ると、辰土が病符煞となります。辰と冲するのは戌土ですから、戌が死符煞です。丁亥流年、亥冲剋巳火、巳火は日干丙火の禄です。この人は丁亥年に乳がんで亡くなりました。

死符煞表

生まれ年	子	丑	寅	卯	辰	巳	午	未	申	酉	戌	亥
死符煞	巳	午	未	申	酉	戌	亥	子	丑	寅	卯	辰

	年	月	日	時
天干	丙	辛	戊	己
地支	寅	丑	午	丑

【例２】男性

寅年から見て、丑土は病符煞です。命式に月支と時支共に病符煞です。二つの病符煞は日支午火を害します。午火は羊刃ですので、病符煞に害されると、凶性が一気に高まります。

この人は若くして、重度の鬱病です。

第11節　亡神煞

盲派四柱推命では、亡神煞《ぼうじんさつ》は、非常に重視されます。亡神は、別名、官符《かんふ》といいます。亡は失う、空虚、不安定、死亡などの意味です。命式に亡神煞がある人は、運勢が不安定で、変化が多い人生となりやすく、大胆で向こう見ずなことをします。ルールや法制度に従わず、凶暴、残酷な性格を持ち、命知らずで、トラブルを引き起こすような人が多いです。

しかし、亡神煞は凶ばかりでなく、中性の神煞です。亡神煞が命式の喜神になる場合、威厳があり、智謀的で、慎み深いです。男性の命式に亡神煞があれば、男らしく見えます。女性の命式に亡神煞があれば、気が強くて男性のような性格を持つと判断することがあります。亡神煞と将星の組み合わせがあれば、軍隊を導く将軍になる可能性があります。亡神煞と劫煞との組み合わせがあれば、大凶で重病になるか、犯罪するなどのことをします。

亡神煞は年支と日支で調べます。三合局の十二長生運の臨官が亡神煞です。例えば、子辰申三合水局なら、水の長生は申金で、臨官は亥水ですので、亥水は申、子、辰年支（日支）の亡神煞です。

亡神煞が大運・流年に巡るとき、亡神大運・亡神流年と言います。亡神煞が忌神の場合は、亡神大運・亡神流年に入ると、凶になります。

【例】男性（1963年2月10日、巳時）（第七節羊刃に挙げた例1）

	天干	地支
年	癸	卯（午未空亡）
月	甲	寅
日	甲	申
時	己	巳

1歳起運

第一大運：癸丑大運（1～10歳）　第二大運：壬子大運（11～20歳）
第三大運：辛亥大運（21～30歳）　第四大運：庚戌大運（31～40歳）

【分析】

この命式は、第7節羊刃の例1として、羊刃と七煞などの組み合わせの関係に基づいて分析しました、ここで亡神煞と劫煞の視野から分析してみましょう。

亡神煞表

生まれ年	子	丑	寅	卯	辰	巳	午	未	申	酉	戌	亥
亡神煞	亥	申	巳	寅	亥	申	巳	寅	亥	申	巳	寅

1. 年支卯木から見ると、寅木は亡神煞です。寅木は日干甲木の禄神ですので、禄神は亡神煞です。命式に木があまりに強く、寅木は忌神です。この人が凶暴な性格だとわかります。同じ年支卯木で見ると、日支申金は劫煞で、時支巳火は駅馬です。日支申金から見ると、巳火は劫煞です。日支申金と時支巳火共に劫煞ですので、日干坐七煞も、同じ凶暴性です。ということは、亡神煞、劫煞、駅馬共に、羊刃卯木から出たものです。巳火は用神ですが、空亡のため、用神としての役割を果たしません。

2. 寅巳申の三刑は、恃勢の刑といい、自分の強さを笠に着て、人をいじめることを意味します。また、駅馬と劫煞（巳）は合併し、亡神煞と禄神（寅）は合併し、七煞と劫煞（申）も合併します。このような組み合わせは、犯罪者の中でも、きわめて危険性の高い凶悪犯と判断します。寅巳申三刑の凶性が最大になると、致命的な災いも起きてきます。

3. この例は、とても代表的かつ重要なもので、羊刃篇と合わせて理解すれば、盲派四柱推命に対する理解がより深まることでしょう。

第12節　劫煞・災煞・歳煞

劫煞《ごうさつ》は、災煞《さいさつ》、歳煞《さいさつ》と合わせて三煞といいます。盲派四柱推命でよく使う三つの大凶の神煞です。劫煞の意味は、略奪、奪う、災難、怪我、偏執などです。

一般的に、命式に劫煞がある人は、運勢の波が大きく、性格は偏執的で、犯罪を犯しやすい傾向があります。敗財、トラブルなどにも遭いやすいです。命式に劫煞がなくても、劫煞の大運・流年に入ると、大きな災いがあります。劫煞は天徳貴人、月徳貴人、天乙貴人などに遇えば、凶から救われます。災煞と歳煞は、災い、事故、怪我などを司ります。困難や不幸に遭う意味もあります。命式に災煞、歳煞と吉の星との組み合わせがあれば、社会的にパワーのある人になりやすいです。

劫煞は亡神煞と冲の関係を持ちます。申子辰三合水局の亡神煞は亥水、亥水と冲する巳火が劫煞です。

申子辰三合水局、水は北方で最も旺で、南方の巳午未と冲するので、南方の巳火は劫煞、午火は災煞、未土は歳煞となります。

三煞の中では劫煞が最凶で、盲派四柱推命では亡神煞と劫煞を二凶煞といいます。命式に劫煞がある人は、大体せっかちで気が強いです。劫煞は元辰、空亡などとの組み合わせがあれば、泥棒になる可能性が高いです。劫煞は、ほかの凶煞との組み合わせがあれば、事故、怪我などの災いに遭いやすいです。吉の神煞と組み合わせがあれば、軍隊や警察の偉い人になりやすいです。凶の煞と遇えば、冷たく、薄情で、いろいろな災いに遭います。

三煞表

地支	申子辰	寅午戌	亥卯未	巳酉丑
劫煞	巳	亥	申	寅
災煞	午	子	酉	卯
歳煞	未	丑	戌	辰

【例１】　男性（1972年3月25日未時）

	年	月	日	時
天干	壬	癸	乙	癸
地支	子	卯	卯	未

3歳起運

第一大運：甲辰大運（3〜12歳）　第二大運：乙巳大運（13〜22歳）
第三大運：丙午大運（23〜32歳）　第四大運：丁未題運（33〜42歳）
第五大運：戊申大運（43〜52歳）

【分析】

1．卯月生まれの日干乙木は、坐卯木、年柱壬子一体、月干と時干に癸水が揃って、日干乙木を生じて、時支未土と卯木が半会木局ですので、この日干は極めて旺です。二つの卯木は日干乙木の禄神で、年支子水と刑の関係です。年支から見ると、未土は歳煞です。

2．日干は極めて旺で、命式に木の気を洩らす五行はありません。第三の丙午大運は、傷官大運で、本来、木の気を洩らして、大吉の大運になるはずですが、年柱の壬子と天剋地冲で、木の気を洩らす力が若干弱まります。年支から見ると、午火は災煞で、不吉の暗示です。

3．１９９８（戊寅）年、正財戊土は木の気を洩らすこともできますが、二つの癸水と争合（妬合）しますので、戊土はまったく役に立ちません。寅木は日干乙木の羊刃で、木はさらに旺になります。

4．１９９８年９月、辛酉月、日柱乙卯と天剋地冲になります。日支から見ると、酉金は災煞です。丙午大運・戊寅流年・辛酉流月、悪い神煞が揃いましたので、大凶です。実際、この月、事故に遭い、腕を切断することにしました。

【例2】 ある女性は1988年11月21日午時に車の事故で即死しました。この人の四柱と死亡した日時の四柱と合わせて、なぜ事故で死亡したかを分析してみましょう。

女性（1964年10月3日卯時）

	年	月	日	時
天干	甲	癸	乙	己
地支	辰	酉	酉	卯

9歳起運

第一大運：壬申大運（9～18歳）　第二大運：辛未大運（19～28歳）

死亡した日の四柱

	年	月	日	時
天干	戊	甲	戊	戊
地支	辰	子	午	午

【分析】

1．酉月生まれの日干乙木は、七煞格です。日干坐七煞酉金、月支と日支の二つの七煞が揃って日干乙木を強く剋します。月干癸水坐酉金、酉金生癸水で、強いです。また、癸水は辰土に通根しますので、やや強くて木を生じます。偏印癸水は七煞酉金の気を洩らし、日干乙木を生じるので、用神とします。

２．時支卯木は日干乙木の禄神です。二つの七煞酉金は卯木を冲して、卯木に強いダメージを与えます。さらに、辰土と酉金と支合金化、命式に官星金のエネルギーがとても強く、木を剋する力も強いです。年支辰土と卯木と害の関係があるので、四つの地支の中に、三つが禄神卯木に悪い作用をしますので、命式中、最も大きなダメージを受けるのは卯木です。

３．盲派四柱推命では、禄神は日干を代理して、本人の身体と考えますが、禄神にひどいダメージがあれば、当然、身体に致命的なダメージを受けます。年柱から見ると、寅卯は空亡で、禄神が空亡するのは、上手に身を隠して、打撃を避けることになるので、填実しなければ、卯木はダメージを受けません。

４．第二の辛未大運、七煞辛金は透干して、酉金を発動させます。卯木は酉金に冲されることより、出空します。卯酉冲、卯木が受けるダメージは大きいです。さらに、日支から見ると、卯木は災煞で、七煞に強い衝撃を受けると、災煞の凶性は極まります。禄神と災煞が一緒になることも凶です。また、日支巳火から見て、年支辰土は歳煞です。これはもう一つ隠れている災いの兆しで、発動すれば災いが発生します。

５．事故当日の日時の四柱は、１９８８年戊辰年、年支辰土を発動させます。甲子月、年干甲木を発動させます。戊辰と月柱癸酉と天地合、戊土合剋用神癸水、癸水は乙木を生じることができなくなります。子水刑時支卯木、日干乙木の禄神（根）である卯木を壊します。乙木の印星癸水と禄神卯木共に受傷します。事故当日の年、日、時共に戊土で、癸水を合剋し、癸水を一発でダメにします。この人の年支から見ると、午火は災煞です。二つの災煞午火と命式の災煞卯木と破、卯木と七煞酉金と沖、さらに歳煞辰土に害されるので、卯木も強い衝撃を受け、ダメになりました。

第13節　十悪大敗煞

十悪大敗煞《じゅうあくだいはいさつ》は、盲派四柱推命の中で、極めて凶の神煞と考えます。十悪とは、許されないほどの重罪を意味します。大敗とは、すべてなくなる、身上を潰す意味です。十悪大敗煞は、日柱だけ見ます。年柱、月柱、時柱にあっても、十悪大敗煞とはなりません。日柱が、甲辰、乙巳、丙申、丁亥、戊戌、己丑、庚辰、辛巳、壬申、癸亥のどれかであれば十悪大敗煞です。

例えば、甲木の禄は寅木で、甲辰日柱から見ると、寅卯は空亡です。このように禄が空亡になる干支と理解すれば、覚えやすいでしょう。乙木の禄神は卯木で、乙巳日柱から見ると、寅卯は空亡です。乙木の禄神が空亡しています。

第6節禄神で説明したように、盲派四柱推命では禄神を非常に重視していますので、禄神が空亡になると、一般的に凶と判断します。禄は、俸禄、収入のことを指します。禄神が空亡になるとは、収入が少なくなる、もしくはないと考えます。禄神は旺で空亡がなければ、収入が多い、禄神が弱い人は、収入が少ないと判断できます。命式に十悪大敗煞がある人は、一生お金に執着がない、もしくは個人の能力が高くても不遇で、才能に応じた収入を得られません。もしくは、収入が少ないのに、お金の使い方が派手です。したがって、命式に十悪大敗煞がある人は、大体、運命に恵まれていない人が多いです。

日柱は十悪大敗煞であって、命式もしくは大運・流年に冲刑害破されなければ、お金に困るとか、大きな災いはあまりないです。命式中で、ほかの柱から刑冲破害されると、一生お金に困って、貧しい生活を送ります。特に、年柱に冲剋されると大凶です。

例えば、「庚戌年甲辰日、庚金剋日干甲木、戊土冲辰土」という形では、年柱と日柱は天剋地冲です。ほかに、「庚辰年甲戌日」「辛亥年乙巳日」「壬寅年丙申日」「丙寅年壬申日」「丁巳年癸亥日」「甲辰年戊戌日」「乙未年己丑日」の組み合わせがあれば、大凶です。年柱は先祖、両親を司ります。日柱と天剋地冲になると、先祖や両親からの財産や助けを受けられず、ほとんど自力で生活を営むことになります。

命式に十悪大敗煞があっても、自分にふさわしい能力や技能を身につけて、まじめに生活を営んで、物質に対する欲を減らせば、普通以上の生活ができます。また、十悪大敗煞がある人が、ギャンブルや投資をすると、失敗する確率が高いので、なるべくしないほうが良いでしょう。また、信仰を持って、常に徳を積んで、神様の加護をいただいて、後天の努力で自分の運命を改善すると良いです。

【例】　女性（1993年2月20日未時）

	天干	地支
年	癸	酉
月	甲	寅
日	壬	申
時	丁	未

4歳起運

第一大運：乙卯大運（4～13歳）　第二大運：丙辰大運（14～23歳）
第三大運：丁巳大運（24～33歳）　第四大運：戊午大運（34～43歳）

【分析】

1．寅月生まれの日干壬水は、天干に甲木が透干しますので、食神格です。壬水坐偏印申金、申金は春で囚ですので、あまり力がなく、壬水を生ずる力が弱いです。壬水と年干の癸水は月柱甲寅木を生じるので、日干は身弱と判断します。申金生壬水、冲剋寅木、旺盛の木を制することができるので、金は用神で、食神は忌神とします。

2．壬申日柱は十悪大敗煞です、申金から見ると、寅木は駅馬です。寅申冲の象意は、財産管理が下手で、お金に執着がなく、なかなか貯められません。身弱の人は、お金を稼ぐ能力が弱く、裕福になるのは難しいです。また、盲派四柱推命の考えでは、財星が天干に透干する人は、お金にケチケチせず、見栄を張る性格です。この命式は、正財星丁火は時干に透干し、十悪大敗煞があるので、収入が少ない割によくお金を使います。

3．寅申冲は、駅馬の冲です。駅馬冲がある人は、生涯、安定せず、生計に駆けずり回り、いろいろなことに対して心配が絶えず、心身が疲労します。

4．第三の丁巳大運は、正財大運です。丁壬合、巳申合、日柱と天地合で、この大運では財運が良くなって、しっかりと儲けられるかもしれませんが、実はこの大運は敗財の運になります。なぜならば、寅巳申三刑が揃い、凶です。体調を崩したり、プレッシャーを受けてイライラしたりします。巳と申と刑合で、財は印星にダメージを与えます。印星は仕事で、仕事がうまくいかないと考えます。また、申金は十悪大敗煞ですので、敗財する恐れがあります。

第14節　紅艶煞

紅艶煞《こうえんさつ》は、桃花星の一つで、紅艶花《こうえんか》とも言いますが、桃花星とは違います。中国語における紅艶は、花が満開で、とても美しく、誰が見ても目を引かれるといった意味です。命式に紅艶煞がある人は、魅力的で、よく異性に好かれ、異性との縁が多いです（便宜上、本書では「異性」と書いているが、同性愛者の方にとっては、もちろん同性のこととご理解ください）。感傷的で、ロマンチック、感情は豊か、心変わりしやすい性格です。また、浮気性で、性欲に溺れやすく、不倫をしやすいです。

昔は、女性の命式にしか紅艶煞を見ませんでした。なぜなら、古代中国は、一夫多妻制でしたので、男性が何人もの女性と性的関係を持つことは珍しくなかったからです。一方、女性が婚姻前に男性と性的関係を持てば不貞と見なされた時代でした。実際のところ、紅艶煞は男女共に作用します。

紅艶煞は、年干と日干から見て、四柱に下表の地支があれば、紅艶煞があるとします。

例えば、日干甲木の既婚者の場合、四柱のどれかに午火があれば、紅艶煞があるとします。午の大運・流年・月運が巡ってきて紅艶煞が発動すれば、不倫する可能性があります。

紅艶煞表

日干	甲	乙	丙	丁	戊	己	庚	辛	壬	癸
紅艶煞	午	申	寅	未	辰	辰	戌	酉	子	申

また、命式になくとも、午火の大運・流年が巡ってくれば不倫する可能性があります。紅艶煞は、亡神・劫煞・災煞などの凶煞と組み合わさると、愛情関係を通して災いを招くことがあると見ますので、大凶です。命式に紅艶煞と、禄神や駅馬との組み合わせがあれば、売春に従事する可能性が高いです。

特に、甲午日、丙寅日、丁未日、戊辰日、庚申日、辛酉日、壬子日生まれの人は、日干坐紅艶煞と呼び、性欲はさらに強いです。

【例】女性（1988年1月6日未時）

	年	月	日	時
天干	丁	癸	庚	癸
地支	卯	丑	申	未

9歳起運

第一大運：甲寅大運（9～18歳）　第二大運：乙卯大運（19～28歳）

第三大運：丙辰大運（29～38歳）　第四大運：丁巳大運（39～48歳）

【分析】

1. 丑月生まれの日干庚金で、丑土は印星です。坐禄神申金、専禄格です。日柱は金が一体ですので、日干はとても強いです。月支から癸水は透干します。癸水は日干庚金にとって傷官ですので、この命式は傷官格でもあります。年干丁火は日干にとって正官で、この人と関係がある男と見ます。丁火は時支未土と通根し、年支卯木に生じられるので、やや強いと見ますが、月支と時支二つの傷官癸水に剋されます。時支未土は月支丑土と冲して、未土の蔵干丁火はかなりダメージを受けますので、年干の正官丁火は「根が壊された」と考え、実は弱いです。

2．日干庚金坐禄神申、盲派四柱推命では、日支と禄神共に、身体と考えます。申金は年支卯木と暗合します。暗合とは、正々堂々とした合ではなく、裏でコソコソと合する意味です。丁火は日干庚金にとって正官（男）で、年支卯木は丁火の身体と考えます。日支申金と卯木の暗合により、庚金と丁火は肉体的な関係を持っていることがわかります。ただし、丁火は庚金の夫ではありません。卯木は申金と暗合するだけでなく、時支の未土と半合の関係を持っています。卯未の合は、正々堂々とした合です。

また、丁火は未土から透干するので、盲派四柱推命では、未土は丁火の家という見方もできます。また、丁火から見ると、未土は紅艶煞です。ただし、この紅艶煞は、日干庚金の紅艶煞ではなくて、丁火の紅艶煞と見ます。丁火は妻帯者で、日干と不倫関係を持っているわけですから、丁火はプレイボーイのような人と考えます。

3．では、いつから丁火の男性と不倫関係が始まるのでしょうか。大運・流年で見ます。第二の乙卯大運は、年支の卯木を発動させ、申金と暗合します。乙木と日干庚金は干合するので、日柱と大運は天地合となります。財運を見る場合、この大運では、大儲けできますが、結婚を見る場合、この大運は結婚できず、不倫相手になります。また、丁火は未土から透干し、未土を丁火の家と見ます。庚金は丑土から透干し、丑土を庚金の家と見ます。丑土と未土と冲することから、庚金と丁火が結婚できるわけがありません。２０１１（辛卯）年、二人は不倫関係となりました。

4．第三の丙辰大運、丙火は日干庚金から見て七煞で、別の男と考えます。この大運では、別の男性と結婚したいと願いましたが、丁火が邪魔して、結婚できませんでした。辰土と日支卯木が害の関係だからです。

5．この人は第四の丁巳大運にならないと結婚はできません。丁巳大運、正官の丁火が現れました。巳申合で、日支と六合になります。２００９（己酉）年、巳申合、巳酉丑合によって、日干庚金の傷官癸水は、やっと正官丁火を制することができて、結婚できました。この場合、大運の丁火は、不倫相手の丁火とは別の人で、結婚相手を意味する丁火と見ます。

【まとめ】

この例から学ぶべきことは、まず、神煞は必ず六親と併せて使用することです。例えば、命式に亡神・劫煞などの凶煞があるからと言って、すぐに災いがあると判断すべきではありません。凶煞の六親十神は何なのか、凶煞と組み合わせになっている六親十神は何なのかについて詳細に見ていく必要があります。

次に、盲派四柱推命の象法は、柔軟に使わなければなりません。しばしば、一つの天干地支がいくつもの象意を帯びることがあります。象法を上手に判断できるようになるためには、天干地支、陰陽五行などの易学の基礎知識をできるだけ深く理解していく必要があります。

第15節　天箒煞、地箒煞、鉄箒煞

古代中国では、彗星は「ほうき」形の尾を引きながら流れるため、箒星《ほうきぼし》とも呼びます。盲派四柱推命では、箒星から、天箒煞《てんそうさつ》、地箒煞《ちそうさつ》、鉄箒煞《てっそうさつ》という三つの凶煞が作られました。

盲派四柱推命では、「男は天箒煞を恐れ、女は地箒煞を恐れる」と言います。要するに、天箒煞は男性に悪い影響を与え、女性に影響しません。逆に、地箒煞は女性に悪い影響を与え、男性には影響しません。鉄箒煞は男女共に悪い影響を与えます。この三つの凶煞は、主に結婚、財運に悪い影響を与えます。

１．天箒煞：男性の命式の日干から見ます。

命式に天箒煞がある男性は、結婚がうまくいかない、敗財する、貧乏、苦労する、老後孤独になるなどが考えられます。命式に天箒煞があって、刑が重なっていると、パートナーが先に亡くなる可能性があります。

天箒煞

日干	甲	乙	丙	丁	戊	己	庚	辛	壬	癸
天箒煞	癸、未	壬、午	辛、巳	庚、辰	己、卯	戊、寅	丁、丑	丙、子	乙、亥	甲、戌

【例】

年　甲　戌
月　庚　午
日　乙　酉
時　壬　午
　　天干　地支

天干乙木から見ると、時干の壬水、月支の午火、時支の午火が天箒煞です。

2. **地箒煞**：生まれ年の納音五行と、生まれ月から、地箒煞を調べます。例えば、生まれ年の納音五行が「水」の女性が、酉・戌・亥月生まれであると、地箒煞です。命式に地箒煞がある女性は、結婚はうまくいきません。ほかに、敗財、トラブル、家庭は不安定、一生苦労が多く、孤独になると考えます。

生まれ年の納音五行は、次ページの表を参照してください。

3. **鉄箒煞**：男女共に影響し、天箒煞と地箒煞よりも、もっと凶度が強いです。鉄箒煞は、生まれ年の地支と、生まれ月から調べます。

例えば、2024年は甲辰年で、寅月生まれの男性と、亥月生まれの女性は鉄箒煞になります。命式に鉄箒煞がある人は一般的に大凶と考えます。一生苦労多く、財運が悪く、結婚相手を剋します。常にトラブルが起き、鉄箒煞の人と結婚すると夫婦喧嘩が絶えません。

天箒煞、地箒煞、鉄箒煞を化煞する方法が、盲派四柱推命に伝わっています。生まれ年

地箒煞

生まれ年の納音五行	水	木、土	火	金
地箒煞	酉、戌、亥	卯、辰、巳	子、丑、寅	午、未、申

1924年〜2033年の納音五行表

1924	金	1946	土	1968	木	1990	土	2012	水
1925		1947		1969		1991		2013	
1926	火	1948	火	1970	土	1992	金	2014	金
1927		1949		1971		1993		2015	
1928	木	1950	木	1972	金	1994	火	2016	火
1929		1951		1973		1995		2017	
1930	土	1952	水	1974	水	1996	水	2018	木
1931		1953		1975		1997		2019	
1932	金	1954	金	1976	土	1998	土	2020	土
1933		1955		1977		1999		2021	
1934	火	1956	火	1978	火	2000	金	2022	金
1935		1957		1979		2001		2023	
1936	水	1958	木	1980	木	2002	木	2024	火
1937		1959		1981		2003		2025	
1938	土	1960	土	1982	水	2004	水	2026	水
1939		1961		1983		2005		2027	
1940	金	1962	金	1984	金	2006	土	2028	土
1941		1963		1985		2007		2029	
1942	木	1964	金	1986	火	2008	火	2030	金
1943		1965		1987		2009		2031	
1944	水	1966	火	1988	木	2010	木	2032	木
1945		1967		1989		2011		2033	

鉄箒煞

生まれ年の十二支		申、子、辰	寅、午、戌	亥、卯、未	巳、酉、丑
鉄箒煞に該当する月	男	寅月	巳月	卯月	未月
	女	亥月	申月	酉月	戌月

の納音五行によって定められた色の開光万字符（卍符）[5]を自宅の特定の場所に貼るか、常に携帯するのです。この化煞を実際にやってみたい方は、著者にご相談ください（注：化煞法そのものは入門した弟子にのみ伝授されるものであり、一般の方には非公開である）。

第16節　元辰（大耗）

元辰《げんしん》、または、大耗《だいもう》といいます。六冲と密接の関係があり、盲派四柱推命では最凶の神煞の一つです。命式もしくは大運に元辰があれば、異性に関わることによって災いを招くことが多くなります。もしくは、思いもかけない災難や、牢獄の災いに遭ったりします。元辰は忌神で、冲刑害されると、さらに凶度が強まり、致命的な災いに発展することもあります。元辰と劫煞との組み合わせがあれば、貧困で粗暴、恥知らずな人で、災難が多いです。ただし、元辰は六合に遇えば、大吉に変わります。その他にも、元辰は天徳貴人、月徳貴人、天乙貴人との組み合わせがあれば、大吉になります。

元辰の方位も凶気が強いです。元辰の大運や流年の時期は、できるだけ元辰方位を避けてください。例えば、未年生まれの女性の元辰は寅です。寅の大運もしくは流年が巡ってきたとき、寅の方位（風水二十四山の寅方位）に行ってはいけません。寅の大運や流年でない場合は、気にする必要はありません。

5　万字符：古代インド、ペルシア、ギリシア、中国などの国々、バラモン教、ヒンズー教、仏教、キリスト教、道教などにおいて広く使用されてきた世界最古のシンボルです。太陽と火の象徴とされ、かなりパワーの強い符です。

元辰の調べ方は、まず、陽年生まれと、陰年生まれに分けます。子、寅、辰、午、申、戌年生まれの人は陽年生まれで、丑、卯、巳、未、酉、亥年生まれの人は陰年生まれです。陽年生まれの男性と、陰年生まれの女性は同じ扱いです。「生まれ年と対冲する十二支の一つ先のもの」を元辰といいます。例えば、子年（陽年）生まれの男性の場合、子に冲する午、午の一つ先の十二支は未ですので、子年生まれの男性の元辰は未となります。丑年（陰年）生まれの女性の場合、丑に冲する未、未の一つ先の十二支は申ですので、丑年生まれの女性の元辰は申です。

陰年生まれの男性と、陽年生まれの女性は同じ扱いです。生まれ年と対冲する十二支の一つ手前のものが元辰となります。例えば、子年生まれの女性の場合、子と冲する午、午の一つ手前の十二支は巳ですので、子年生まれの女性の元辰は巳です。丑年生まれの男性の場合、丑に冲する未、未の一つ手前の十二支は午ですので、丑年生まれの男性の元辰は午です。

元辰煞表

生まれ年の十二支	子	寅	辰	午	申	戌
男性	未	酉	亥	丑	卯	巳
女性	巳	未	酉	亥	亥	卯

生まれ年の十二支	丑	卯	巳	未	酉	亥
男性	午	申	戌	子	寅	辰
女性	申	戌	子	寅	辰	午

第17節　喪門、弔客

喪門《そうもん》と弔客《ちょうきゃく》は、盲派四柱推命では、大凶の神煞と考えられています。喪門と弔客の大運や流年になると、家族の誰かが亡くなる、悲しくて泣くことがある、また怪我や病気になる可能性があると考えます。喪門や弔客は、羊刃などとの組み合わせがあると、必ず家族の誰かが大変な災いや病気になります。

調べ方は、ほかの神煞と少し違います。男女問わずに、生まれ年に基づいて、大運と流年を見ます。生まれ年から二つ前の地支は喪門で、二つ後ろの地支は弔客です。例えば、子年生まれの人は、子の二つ先の十二支は寅ですので、寅が喪門です。子の二つ後の十二支は戌ですので、戌が弔客です。

化煞する方法としては、喪門や弔客にあたる大運や流年に、自宅や事務所に陰陽五行平安符（霊符の種類）を掛けると良いです。

喪門・弔客表

生まれ年の十二支	子	丑	寅	卯	辰	巳	午	未	申	酉	戌	亥
喪門	寅	卯	辰	巳	午	未	申	酉	戌	亥	子	丑
弔客	戌	亥	子	丑	寅	卯	辰	巳	午	未	申	酉

第18節　孤辰、寡宿

孤辰《こしん》と寡宿《かしゅく》は、紫微斗数から出たもので、孤独を意味する二つの星です。盲派四柱推命でもよく使われ、老後、孤独になることを意味します。中国語では、妻のいない老人男性を「孤」、夫のいない老人女性を「寡」といいます。したがって、孤辰は男性のこと、寡宿は女性のことを表します。ほかに、命式に孤辰がある男性は、性格は偏屈、寡黙で、寡宿がある女性は、異性との縁が少なく、老後は孤独になります。男女共に命式に孤辰と寡宿が揃っている人は、無欲な人が多いです。さらに華蓋星との組み合わせがあれば、出家します。

孤辰・寡宿は駅馬との組み合わせがあると、家族と離れて異郷で家計を立てます。喪門と弔客が揃ってしまうと、両親のどちらかが早逝し、苦労の多い一生となります。また、孤辰と寡宿が揃うと、結婚はうまくいかないでしょう。命式や大運・流年に貴人が巡れば、災いは軽くなります。

孤辰・寡宿の調べ方は、生まれ年の十二支が属する方合を見つけて、最後の十二支の次（一つ先）の十二支が孤辰です。方合の最初の十二支の一つ手前が寡宿です。例えば、亥年、子年、丑年生まれの人は、亥子丑が方合です。丑の次（一つ先）の

孤辰・寡宿表

生まれ年の十二支	亥子丑	寅卯辰	巳午未	申酉戌
孤辰	寅	巳	申	亥
寡宿	戌	丑	辰	未

十二支は寅ですので、寅が孤辰です。亥の一つ手前の十二支、つまり戌が寡宿です。

第19節　陰陽差錯

陰陽差錯《いんようささく》は、陰差陽錯《いんさようさく》とも呼ばれます。凶の神煞の一つで、陽錯日と陰差日で構成されています。陰陽差錯の意味は、陰陽の一方が強すぎるか弱すぎる状態をいいます。陰陽のバランスが崩れており、運勢に悪い影響を与えます。

陰陽差錯と次の八専九丑と併せて、結婚に関する吉凶を読むことができる神煞です。『三命通会』[6]には陰陽差錯について詳述されています。命式に陰陽差錯がある人は、運勢が良くなくて、一生懸命努力しても、良い結果になりません。また、結婚相手の家族と良い関係になりにくいです。自分の命式に陰陽差錯があれば、結婚相手の家族と関係が悪く、よく喧嘩をするでしょう。結婚相手の命式に陰陽差錯があれば、自分の家族と結婚相手の関係が悪くて、よく喧嘩すると考えます。日柱が陰陽差錯なら、夫婦の関係が悪くて、夫婦喧嘩が多く、離婚しやすいです。

陰陽差錯を化煞する方法として、盲派には次の方法が伝わっています。

6　三命通会：万民英《ばんみんえい》（1521～1603年）による、全12巻の著作。四柱推命の理論をまとめた、最重要古典の一つである。

陰陽差錯日表

陽錯日	丙子日	丙午日	戊寅日	戊申日	壬辰日	壬戌日
陰差日	丁丑日	丁未日	辛卯日	辛酉日	癸巳日	癸亥日

どの陰陽差錯日かによって、開光万字符（卍符）の色が決定し、該当する色の開光万字符を携帯します（実際に試してみたい方は、著者にご相談ください）。

常にボランティア活動を行うことです。もしくは、魚や鳥などを放生《ほうしょう》することによって、徳分を増し、運勢を良い方向に変えるようにします。

第20節　八専九丑

盲派四柱推命の中に、「男性の日柱が八専《はっせん》日であれば桃花運が旺盛で、女性の日柱が九丑《きゅうちゅう》日であれば不倫する」という口訣が伝わっていますが、実際に推命に使用する際には、八専日と九丑日とも、男女問わず影響します。

1．八専日

八専日は天干と地支が同じ五行です。または、日干が坐禄か坐冠帯です。例えば、甲寅日、乙卯日、戊戌日、己未日、庚申日、辛酉日の干支は同じ五行で、日干がとても強いです。甲寅日、乙卯日、庚申日、辛酉日は日干坐禄です。丁未日は、日干丁から見て未が冠帯です。癸丑日は、日干癸から見て丑が冠帯です。坐禄、坐冠の日干はとても強く、体力が充実し、血気盛んと考え

八専日表

八専日	甲寅日	乙卯日	戊戌	己未日	丁未日	庚申日	辛酉日	癸丑日

ます。一般的に能力が高く、事業で成功する人が多く、スポーツ選手も多いです。ただし、日柱が八専日の人は、欲が強くて、浮気しやすいので、酒色によって離婚することも多く、ダメ人間との烙印を押されることも少なくありません。

2. 九丑日

九丑日表を見ると、十二支がすべて、子、卯、午、酉です。子卯午酉は四桃花といい、九丑日は、日干坐桃花であることがわかります。日干坐桃花の人は魅力的で、周囲に好かれやすく、誘惑されやすいので、不倫になることが多いと考えます。結果、日柱が九丑日の人は、恋愛や結婚で苦労することが多いです。

なお、命式に八専九丑日があっても、月徳貴人、天乙貴人、六合、三合などがあれば、化煞されます。

【例】2021年、東京オリンピックの男子陸上100メートルで6位になった中国選手

（1989年8月29日酉時）

【分析】

1．日柱を見ると、申月生まれの日干辛金。日支と時支共に酉金です。申金は辛金の羊

九丑日表

九丑日	戊子日	戊午日	壬子日	壬午日	乙卯日	乙酉日	辛酉日	己卯日	己酉日

刃、酉金は辛金の禄です。巳酉半会することによって、辛金が生じられます。年干己土は偏印です。禄神、羊刃、印星共にあるので、辛金はかなり旺じています。

2．月干壬水は月支の申金から生じられ、日干辛金の強い気を洩らしているので、用神です。

3．時支丁火は、日干辛金から見て七殺で、年支巳火に通根し、丁火も強いです。傷官壬水は強い丁火をうまくコントロールできているので、傷官合殺の象です。丁壬合の表すところは、有名になりたい願望が極めて強いことです。象法における七殺は、有名、仕事、戦い、競技などの意味です。丁火は年支の巳火から透干していますので、この年柱は、「国の仕事に従事する」ことと関係があると考えます。日柱辛酉は八専日で、この人は国の陸上短距離走の選手ですが、体がとても強く、スポーツ向きであることがわかります。象法で見ると、壬水は大きな川に激しく流れる水ですので、スピードが速い象があります。

	年	月	日	時
天干	己	壬	辛	丁
地支	巳	申	酉	酉

4．丁壬合、壬水は丁火に対し合剋です。壬水が強すぎて、丁火に大きなダメージを与えます。ただし、年干己土はうまく壬水をコントロールできますので、結果、この四柱の五行は互いに制御し合って平衡を保っていることから、素晴らしい命式と言えます。

5．２０１６~２０２５年は己巳大運です。２０２１年は辛丑年です。流年丑土は、命式の巳火・酉金と三合金局となり、金がかなり強くなります。大運己巳では、火も強く、うまく金を制御することができたので、大吉の一年になりました。大運の巳火は時干の丁火を発動させ、仕事の分野で栄誉を得ることができると考えます。２０２１年、東京五輪に出場して有名になりました。

第21節　天羅地網

天羅地網《てんらちもう》は凶の神煞で、伝統派四柱推命、盲派四柱推命共によく使用されますが、盲派四柱推命には独自の考えがあります。天羅とは天空に張られた網、地網とは地上に張られた網の意味です。川、湖、海などのような危険な場所の意味も含みます。天羅地網がある命式は、大運・流年によって発動されると、牢獄の災いや病気などが起こりえます。

「男性は天羅を怖れ、女性は地網を怖れる」という口訣があります。しかし、実際は、天羅が男性専用、地網が女性専用ということではなく、どちらも男女共に影響があります。天羅は女性に対して比較的被害が軽く、地網は男性に対して比較的軽いという程度です。

命式に戌と亥があれば、天羅といいます。辰と巳があれば、地網といいます。生まれ年の納音五行が「火」の場合、命式に戌か亥のどちらか一つでもあれば天羅です。納音五行が「水」「土」の場合、命式に辰か巳のどちらか一つでもあれば地網です（納音五行が「金」「木」の場合、天羅地網になる条件はない）。

ということは、火命人（生まれ年の納音五行が「火」の人）の命式に天羅、水命人と土命人（生まれ年の納音五行が「水」「土」の人）の命式に地網があると、不遇の人生を送ります。金命人と木命人は、命式に戌亥や辰巳があっても問題ありません。天羅地網は、災煞や劫煞などの凶煞との組み合わせがあれば、生死に係る災いがあります。命式と大運・流年に天羅地網が揃うと、さらにひどいことになります。

盲派四柱推命には、紫微斗数の天羅地網に似た概念もあります。男性の場合、辰大運を天羅大運と呼びます。女性の場合、戌大運を地網大運といいます。男性は天羅大運に、女性は地網大運に入ると、必ず大きな災いに遭います。例えば、親が亡くなったり、財産を失ったりします。他にも、結婚、事業、健康などにも悪い影響があります（男性も戌大運、女性も辰大運の悪影響を受けるが、程度は軽い）。

なお、天羅地網は刑冲破害されると吉です。三合や支合があれば凶となります。

【例1】　女性（1949年4月18日辰時）

	時	日	月	年	
天干	丙	戊	戊	己	
地支	辰	寅	辰	丑	（申酉空亡）

6歳起運

第一大運：己巳大運（１９５５〜１９６４年）
第二大運：庚午大運（１９６５〜１９７４年）
第三大運：辛未大運（１９７５〜１９８４年）
第四大運：壬申大運（１９８５〜１９９４年）
第五大運：癸酉大運（１９９５〜２００４年）
第六大運：甲戌大運（２００５〜２０１４年）

【分析】

1．辰月生まれの日干戊土で、年柱己丑は日干から見て劫財、月干戊土と時支辰土は比肩です。日支寅木は七殺ですが、長生ですので、日干はとても強いです。2005年から2014年までは第六の甲戌大運です。戊は地網です。2006（丙戌）年、丙戌大運ということで、地網（戌）が揃いました。戌土は火庫です。大運・流年の戌土と命式の月支と時支の二つの辰土が冲し、天羅地網の冲となります。辰土は水庫で、財庫です。財庫が冲されることによって庫が開きますので（墓庫冲開、財庫冲開）、この年、大金を手にしました。ただし、火庫と水庫の冲ですから、水火の戦いになるので、この年、血圧がいきなり高くなりました。

2．2014（甲午）年、寅午戌三合火局です。甲木は日支寅木の蔵干で、甲木は透干することより、寅木を発動させ、七殺の凶性にスイッチが入ります。七殺と地網との組み合わせによって、2014年は大変な一年になります。丙寅月、体調を崩しました。冬に入ると、水の気が強くなりましたが、強い火に勝てず、大損しました。

【例2】　女性（1971年7月22日子時）

	時	日	月	年	
天干	壬	戊	乙	辛	
地支	子	申	未	亥	（寅卯空）

6歳起運

第一大運：丙申大運（1977～1986年）

第二大運：丁酉大運（1987～1996年）

第三大運：戊戌大運（１９９７～２００６年）

【分析】

１．未月生まれの日干戊土は、夏ですので、水で調候する必要があります。水を用神とします。時干壬水は、時支の子水と、年支亥水に通根しますので、水はかなり強く、「調候しすぎている」と言えます。年干辛金は亥水を生じ、水はさらに強いです。したがって、傷官辛金は忌神とします。

２．１９９７年からの第三の戊戌大運は地網大運です。この大運では、土が一気に強くなり、剋水の力も強くなります。戊土は月支の未土を発動させ、未土は時支の子水と害となり、戊土剋用神壬水、壬水・子水共にダメージを受けます。月干乙木は日干戊土からすると正官ですから、夫と見ます。丑未戌三刑して、未土はダメージを受けて、連動して月干の乙木もダメージを受けます。

これは盲派推命の基本的な考え方で、一つの柱を一人の人物と見ます。天干は頭、思想、地支は身体、行動と見ます。地支（天干）がダメージを受けると、連動して天干（地支）もダメージを受けます。戊戌大運、丁丑年、土は極端に強くなり、辛金を生じます。辛金が強くなると、乙木を剋する力も強くなります。１９９７年、夫は車を運転しているときに人身事故を起こしてしまいました。

【例3】 女性（1976年3月1日丑時）

	天干	地支
年	丙	辰（寅卯空）
月	庚	寅
日	壬	子
時	辛	丑

8歳起運
第一大運：己丑大運（１９８４～１９９３年）
第二大運：戊子大運（１９９４～２００３年）

【分析】

１．丙火は日干壬水から見て偏財で、父親と見ます。月干庚金は偏印で、母親です。

２．丙火は坐辰土で気を洩らされ、庚金を剋し、辛金と合剋し、日干壬水に冲剋されるので、とても弱く、父親との縁が薄いと考えられます。１９８２年（壬戌年／６歳）、地網流年で、年柱と天剋地冲です。戊土は火墓です。壬水冲剋丙火、辰土は天羅、天羅地網の冲で、戊墓が冲開し、父親が入墓され、死亡しました。

３．月干庚金は母親です。坐寅木は空亡で、寅木は庚金の絶です。年干丙火に剋され、日干壬水に洩らされるので、非常に弱いです。１９８４年から第一の己丑大運に入ります。１９８５年乙丑年、丑土は金墓で、時支と伏吟です。乙木は辰を発動させ、丑土と破、丑土を開きます。また、乙木は弱い庚金を合して庚金を入墓させ、母親は死亡しました。

４．この人の両親の死亡は、共に天羅地網と関係します。天羅地網の大運や流年、もしくは命式にある天羅地網が発動するときに災いを招きます。

第22節　伏吟・反吟

伏吟《ふくぎん》と反吟《はんぎん》は、とても重要な神煞です。命式に二つ以上の同じ天干・地支がある、もしくは大運や流年に命式と同じ十干・十二支が巡ってくることを伏吟といいます。反吟とは、命式に冲する天干・地支がある、もしくは大運や流年に命式と冲する十干・十二支が巡ってくることです。伏吟・反吟は、苦しんで呻《うめ》くという意味です。

一般的に、命式や大運・流年に伏吟・反吟があれば、自分もしくは身内に災いがあると考えます。盲派四柱推命では、反吟は常に凶ですが、伏吟はそれだけで吉凶の判断はできません。喜神用神と伏吟すれば吉ですし、忌神と伏吟すれば凶です。

1. 伏吟の象意と判断

伏とは、うつ伏せのことです。吟は、呻くことです。伏吟は、地にうつ伏せて呻く象です。ほかに、伏吟は、繰り返す、反復するという意味もあります。

盲派四柱推命では、もう一つ重要な象意があり、「命式にない十干・十二支が、大運と流年に揃って、大運と流年との間で伏吟になれば、授かる。命式にある十干・十二支が、大運や流年に巡ってきて、命式と大運、命式と流年という形で伏吟になれば失う」ことです。

したがって、父星や母星と伏吟すれば、父や母を失います。財星が伏吟すると、既婚男性なら離婚するかもしれません。ただし、これは、忌神である場合に限ります。前述のとおり、用神喜神との伏吟は吉であるからです。

忌神の伏吟は、下記のように考えます。

⑴**年柱と月柱の伏吟**：先祖や親を剋します。実家は貧しく、少年時代は苦労をします。もしくは両親や祖父母のどちらかが再婚します。

⑵**年柱と日柱の伏吟**：配偶者を剋します。配偶者は体が弱かったり、健康面に問題があったり、もしくは離婚します。

⑶**年柱と時柱の伏吟**：少年時代は祖父母を剋し、老後は子供を剋します。

⑷**月柱と日柱の伏吟**：離婚して再婚することがあります。

⑸**月柱と時柱の伏吟**：仕事や事業は波があって、うまくいきません。また、両親もしくは子供は健康ではありません。

⑹**日柱と時柱の伏吟**：子供との縁が薄いか、子供は健康ではありません。夫婦の仲が良くなくて、離婚する可能性があります。老後、孤独になります。

2. 反吟の象意と判断

命式に冲があれば、反吟とします。反吟には、下記のような組み合わせがあります。

(1)天剋地冲：例えば、年柱が甲申で、他の三柱に庚寅がある場合。庚金剋甲木、申金冲剋寅木、これは天剋地冲といいます。

(2)天比地冲：天干は同じで、地支が冲の組み合わせです。例えば、命式に乙酉と乙卯が揃う場合は、天比地冲といいます。

(3)地比天冲：地支は同じで、天干が冲の組み合わせです。例えば、命式に甲寅と庚寅がある場合は、地比天冲といいます。

この中では、天剋地冲の被害が最も大きいです。他は、軽いです。

(4)大運冲剋流年：大凶。大運が流年を冲剋する場合、災いがひどいです。逆に、流年が大運を冲剋する場合、災いは比較的軽いです。

(5)年柱と月柱の反吟：実家は普通の家庭で、両親から支援をもらえません。

(6)年柱と日柱の反吟：両親もしくは配偶者と仲が悪く、離婚する可能性が高いです。

(7)年柱と時柱の反吟：子供との縁が薄く、流産する可能性があります。老後は孤独になります。

(8)月柱と日柱の反吟：両親や兄弟姉妹との仲が悪いです。仕事や事業は波があって、変動が多いです。月支冲日支、夫婦の仲が悪くて離婚する可能性があります。

(9)月柱と時柱の反吟：子供は祖父母との縁が薄いです。

(10)日柱と時柱の反吟：配偶者と子供を剋します。離婚するか、もしくは子供との縁が薄いです。時干剋日干もしくは時支冲剋日支の場合は、子供は親の言うことを聞かないもしくは親孝行をしません。老後、孤独になります。

【例1】 男性（1981年1月23日未時）

	時	日	月	年	
天干	乙	辛	己	庚	
地支	未	丑	丑	申	（辰巳空）

3歳起運

第一大運：庚寅大運（1984～1993年）

第二大運：辛卯大運（1994～2003年）

第三大運：壬辰大運（2004～2013年）

【分析】

第三の壬辰大運は、天羅大運です。2006（丙戌）年、大運と流年が天剋地冲です。大運冲剋流年ですので、災いがひどく出ます。この年、父親が亡くなりました。

【例2】　男性（1967年12月7日丑時）

	年	月	日	時
天干	丁	辛	乙	辛
地支	未	亥	巳	丑

10歳起運
第一大運：庚戌大運（１９７７〜１９８６年）
第二大運：己酉大運（１９８７〜１９９６年）
第三大運：戊申大運（１９９７〜２００６年）

【分析】

１．亥月生まれの日干乙木は、丁火で調候する必要があります。火は通根日支巳火で、やや強く、用神とします。ただし、坐未土で土に漏らされるので、調候する力が弱くなります。土は忌神です。月干辛金と時干辛金は伏吟です。辛金は日干乙木の七殺（偏官）で、男性にとって子供を意味します。

２．１９９７年丁丑年、時支丑土と伏吟です。丑土は金庫で、日干乙木の財星です。伏吟することによって、丑土の庫が開いて、庫の中の辛金が発動します。同年、妻は妊娠しました。

３．七殺辛金は仕事場、上司でもあります。丑土は金庫で、仕事場の象意でもあります。忌神の丑土伏吟がもたらしたもう一つの象は、仕事がうまくいかなくて、お金に困る事態に陥ったことでした。

第23節　童子童女煞

これまで読者の皆様に紹介してきた神煞は、盲派四柱推命と伝統派四柱推命共に使う神煞ですが、考え方や使い方は若干違います。本節の童子童女煞《どうしどうじょさつ》と、第24節の五鬼煞《ごきさつ》は、盲派四柱推命特有の神煞です。盲派四柱推命は一般に公開されるまで、童子童女煞と五鬼煞については、ほとんど知られていませんでした。また、この二つの神煞は、世間の常識と異なり、神様と密接な関係があります。秘伝的な内容を含むため、ここでは、簡単な紹介に留めておきます。

1. 童子童女煞の由来と因果関係

盲派四柱推命は中国道教の神様から教わった（第1章を参照）推命システムという伝説があり、ここで言うところの童子童女とは、道教の神様の弟子のことです。神様は天国で修行しながら弟子を取ってさまざまな術を教えます。童子童女たちは、何らかの原因で自分の師匠から離れ、輪廻してこの世に生まれてきます。

例えば、『易経』を書いた周文王の大臣であった太公望《たいこうぼう》は、文王の軍師になる前は、道教の元始天尊の弟子で、師匠の元始天尊の命令を受けて、人間社会に降りてきて、周文王を補佐しました。そうした伝説のように、命式に童子童女煞がある人は、神様との縁が深く、神様の弟子だったかもしれません。

童子童女達が輪廻に入る原因は、四つあるとされています。

(1)神様の修行が大変退屈で面白くないので、童子童女たちは人間社会の賑やかな生活に興味を持って、天国から逃げて、人として輪廻し、人の体に魂の状態で潜む。

(2)天国で過ちを起こして、罰則として神様の意向によって、人間社会に輪廻する。

(3)神様になるために、無数回の劫（死に係る災難、厄運）を経験しないといけません。そこで、童子童女たちは師匠の元で一定期間の修行をした後、師匠の命令で人間社会に降りて、人として輪廻して修行を続ける。

(4)神様の弟子になる前に、人間社会で結んだ因果を完全に断ち切らなかったので、もう一度輪廻して、前世の因果をきれいに終わらせる。

道教では、人の体には三魂七魄《さんこんななはく》があると考えます。三魂は思想、智慧を司ります。七魄は体型、健康と行動を司ります。生きている間、三魂七魄は肝臓と肺に潜んでいて、死んだら、三魂七魄は身体から抜けて、空間に漂って、次の六道輪廻に入ります。童子童女たちが三魂七魄として身体に潜んでいる状態にあると、「その方は童子童女煞を犯している」という言い方をします。

また、一つの命式に童子童女煞が一つだけでなく、場合によっては、四つも五つも持っている人もいます。筆者が今まで鑑定した中で一番多く持っていた人は、三つでした。

童子童女煞は、主に健康と結婚に影響します（命式に童子童女煞がある人は、著者にご相談ください）。

2. 童子童女煞の調べ方

童子童女煞は命式の地支でわかります。調べる方法は、生まれた季節で調べる方法と生まれ年の納音五行から調べる方法があります。生まれた季節で調べる童子童女煞は、四季童子煞といいます。生まれ年の納音五行で調べる童子童女煞は、納音童子煞といいます。

(1)**四季童子煞**：春（寅月、卯月、辰月）と秋（申月、酉月、戌月）に生まれた人は、男女問わず、命式に寅と子があれば、童子煞があるといいます。冬（亥月、子月、丑月）と夏（巳月、午月、未月）で生まれた人は、命式に卯、未、辰があれば、童子煞があるといいます。

(2)**納音五行童子煞**：生まれ年の納音五行が金と木の人は、午と卯が童子煞になります。生まれ年の納音五行が水と火の人は、酉と戌が童子煞になります。生まれ年の納音五行が土の方は、辰と巳が童子煞になります（生まれ年の納音五行は、第３章第15節の１９２４～２０３３年納音五行表を参照）。

四季童子煞

生まれ月	寅、卯、辰	巳、午、未	申、酉、戌	亥、子、丑
四季童子	寅、子	卯、未、辰	寅、子	卯、未、辰

納音童子煞

生まれ年の納音五行	木	火	土	金	水
地箒煞	午、卯	酉、戌	辰、巳	午、卯	酉、戌

3．童子童女煞を化煞する方法

童子童女は神様の弟子で、人間社会に降りてきて、人の身体に潜んでいますので、化煞する場合、童子童女を極端な手段で追放・排除してはいけません。盲派四柱推命に一番効果がある方法として伝えられているのは、道教の法術を行って、身についている童子童女を神様の元へ返すことです。

これは「還替身」と呼ばれる方法ですが、秘伝ですので、ここでは公開できません。その他に、風水や符呪で化煞する方法もあるにはあるのですが、人によって効果が違います。また、命式に童子童女煞がある人は、できるだけ晩婚が望ましいです。早く結婚すると離婚する可能性が高くなります。

【例】　男性（1987年6月23日辰時）

	天干	地支
年	丁	卯
月	丙	午
日	癸	卯
時	丙	辰

【分析】

1．午月生まれの日干癸水で、午月は夏です。夏生まれの四季童子煞は、卯木と辰土です。卯は陰、辰は陽ですから、卯は童女煞で、辰は童子煞です。年柱丁卯の納音五行は火です。火の納音童子煞は命式にありません。この命式では、年支の卯木、日支の卯木、時支の辰木が童子童女煞にあたり、合計三つあることになります。

2．命式の作用関係を見ると、

①卯と卯は伏吟で、日支卯の上の天干癸水は、年支卯の上の天干丁火を冲剋します。その意味するところは、命式にある二つの童女が互いに喧嘩しながら存在しているということです。

②卯木と辰土は害の関係です。辰は童子煞です。童子と二人の童女は仲が悪くて、常に喧嘩しています（ここでいう喧嘩は、本当の喧嘩ではなくて、この人の身体に潜んでいる三魂に常に矛盾が生じるという意味）。特に、日支卯木との対立は大きいです。

③卯木と午火は破の関係です。日支卯木は夫妻宮、午火は正財で妻星です。卯午破、卯辰害となれば、結婚は絶対にうまくいきません。

3．午月生まれの日干癸水ですから、かなり弱いです。しかし、辰土に通根しますので、従格にはなりません。卯木に漏らされ、辰土に剋される（辰土は水庫で癸水の根ですが、あくまで土）ので、卯木と辰土を代表する童子童女共に忌神です。考えられることは、この人は小さい時、身体が弱くて、常に病気がちでした。腎臓が弱くて、心筋虚血の病気かもしれません。

4．男性は二つの童女煞を持つので、性格はやさしくて、奉仕精神があって、女性のような性格を持ちます。細かいところに気を遣います。

第24節　五鬼煞

五鬼煞《ごきさつ》は、流派によって、算出法と考え方が違います。生まれ年と生まれ日で導き出す五鬼煞もあれば、生まれ月から導き出す五鬼煞もあります。ここでは、著者が師匠から学んだ方法を紹介致します。なお、盲派四柱推命の五鬼煞は、風水でいう五鬼星、五鬼運財などでいうところの五鬼とは別物ですので、混同してはいけません。

前節では童子童女煞を紹介しましたが、命式に童子童女煞がある人は、天上の神様と縁があります。一方、命式に五鬼煞がある人は、地下の霊や化け物との縁があるので、陰の気が強く、先天の運勢を妨げ、命式の陰陽のバランスを乱してしまうので、大凶です。

五鬼煞の算出法は、二つあります。

①年干と日干から見て、命式にある五鬼煞は、先天五鬼《せんてんごき》といいます。

②日干から見て、五鬼の大運になると、五鬼大運といいます（大運については、日干のみで見ます。年干からは見ない）。

命式に五鬼煞がある人は、災いごとが続けて発生しやすく、しばしば病気をします。さらに五鬼大運になると、もっと厄介なことになります。命式に五鬼煞があれば、まず、睡眠に問題があり、背中に痛みが出やすいです。性格は、せっかちで、よく怒ります。恋愛や結婚はうまくいきにくいです。不慮の事故も多いです。

このように、五鬼煞は悪いことばかりですので、化煞しなければなりません。五鬼煞の化煞法は弟子にのみ伝授されるものであり、一般の方には公開しておりません（命式に五鬼煞のある方、五鬼大運にある方は、筆者にご相談ください）。

五鬼煞表

生まれ年 生まれ日	甲、己		乙、庚		丙、辛		丁、壬		戊、癸	
五鬼煞	巳	午	寅	卯	子	丑	戌	亥	申	酉

コラム　安倍晋三氏の命式

【実例】　安倍晋三（1954年9月21日午前2時35分～2022年7月8日）

	天干	地支
年	甲	午（申酉空亡）
月	癸	酉
日	庚	辰
時	丁	丑

6歳起運
第一大運：甲戌大運（06～15歳、1960～1969年）
第二大運：乙亥大運（16～25歳、1970～1979年）
第三大運：丙子大運（26～35歳、1980～1989年）
第四大運：丁丑大運（36～45歳、1990～1999年）
第五大運：戊寅大運（46～55歳、2000～2009年）
第六大運：己卯大運（56～65歳、2010～2019年）
第七大運：庚辰大運（66～67歳、2020～2022年）

【分析】
1．酉月生まれの日干庚金。酉金は庚金から見て羊刃です。庚金坐偏印辰土、身旺です。劫財格とします。また、盲派四柱推命では、天干地支の作用関係から見ると、日干庚金生傷官癸水、癸水生偏財甲木の組み合わせがあるので、食傷生財の格局と見ることもできます。日干金、食傷水の組み合わせは、金水傷官と言います。官星を喜神としますので、時干丁火が用神となります。

2．酉月生まれの人は、庚金は月徳貴人で、神様に愛されて生まれてきました。年干甲木と日干庚金から見ると、天乙貴人は丑土で、丑土は正印ですので、常に先輩や目上の人から助けられます。

3．日柱庚辰は魁罡貴人で、生まれつき尊い気質があります。辰と酉（羊刃）と合することから、有権者になるような組み合わせです。日柱魁罡の人は極端で、威張るような性格があります。常に威厳さを周りに感じさせます。内心に、焦りや慌てる傾向もあります。

4．時柱丁丑、丁火は正官で、丑土は正印です。丑土と月支の酉金と半会金局。酉金と辰土は支合です。この組み合わせを見ると、官（火）生印（土）、印生劫財（酉金）、酉金と辰土の合によって、正官丁火のエネルギーが丑→酉→辰→庚というルートを通って、日干庚金のところに回ってきます。さらに、庚金生月干癸水、癸水生年間甲木、甲木生年支午火、午火は時干丁火の根です。この命式の五行の流れは滞らず、うまく循環し続け、金木水土火の五行の力量はほぼ同じで、うまく互いに作用しながら動いています。命式に午と丑の害があります。ただし、丑と酉の合、午火は丁火の根で、丙火のエネルギーを丁火に通じて、丑土に回すので、午と丑の害はほとんどありません。したがって、日柱に与えるダメージはほとんどないので、この命式は大変すばらしく、上格の命です。

5．日支辰で見ると、酉金は名星（桃花）です。辰と合することから、仕事（印星は仕事を司る）で有名になります。

6．大運を見ると、第三の丙子大運、子辰半会水局、月干癸水を発動させ、年干甲木を生じ、傷官生財ですので、この大運から大きな収入を得るようになります。年柱の財と官は盲派四柱推命では大企業や大きな財を表すので、1979年に神戸製鋼所に入社しました。ただし、大運の子水冲年支の午火で、この大運においては、仕事は不安定で、よく変わります。この命式は、年支午火と時干丁火は官星ですので、この命では、一生涯に少なくとも二つ以上の仕事に従事することを表しています。年柱と月柱にある官星は人生の前半に務める仕事のことで、日柱と時柱にある官星は人生の後半に務める仕事です。この大運は、年支の午火を発動させ、傷官生財という組み合わせによって、会社に務め、自分の技能によって財を得るようになります。時干の丁火は、二つめの仕事ですので、政治家としての仕事と考えられます。

7. 第四の丁丑大運、時柱丁丑と伏吟です。丁火は正官で、丑土は正印です。丁火生丑土生日干庚金、丁火という仕事（政治家）に向いています。ただし、大運と時柱と伏吟、丑土と辰土と破の関係ですので、この大運では、仕事はうまく進まないでしょう。

8. 2000年からの第五の戊寅大運は、仕事にとって非常に良い大運となります。偏印戊土は傷官癸水を合し、日支の辰土を発動させ、日干を生ずる力は強いです。寅木と午火と半会で、火の力も強くなります。この大運で、政界での地位はますます上昇し、2006年に総理大臣になりました。2006年は丙戌で、火と土のパワーは最大になり、火生土、土生金の力も極めて強いです。ただし、戌土と日支辰土との冲によって、印星を司るところの土台がとても不安定ですので、翌年の2007年に総理大臣を辞任しました。戊寅大運は、火土が非常に強いのですが、戊土と癸水との合によって、命式に唯一火をコントロールできる水が封印されましたので、火をコントロールできなくなります。2006年丙戌年、戌土と辰土と冲、戌と丑土と刑の関係となります。土は胃腸を司り、火は炎症ですので、持病の大腸炎はひどくなります。

9. 第六の己卯大運、己土は正印です、この大運で徐々に仕事に復帰します。大運の天干と地支は、一般的に、天干は10年の前半の5年の運勢の7割、地支は前半の5年の3割を司ります。天干は十年の後半の5年の運勢の3割、地支は後半の5年の7割を司ります。己卯大運は、卯木は日干庚金の正財です。卯木と年支午火と破、月支酉金と冲、日支辰土と害の関係で、地支が大きく乱れますので、この大運では、お金にめぐる不祥事も絶えなかったのです。

10. 第七の庚辰大運、日柱庚辰と伏吟になり、辰と辰と自刑、辰と丑と破の関係によって、印星のバランスが崩れます。もう一つの影響としては、日支の辰土が発動され、羊刃酉金を合し、羊刃の凶性を一気に強くしました。その他に、庚金大運は、日干庚金の比肩で、大運の辰土と日支辰土が揃って月支酉金と支合（妬合）し、金のバランスは一気に強くなり、癸水を生ずる力も強くなって、癸水が正官丁火を剋する力も強まります。丁火は命式の五行バランスを整える重要な存在であり、この命式の用神です。丁火がダメージを受けると、この命式のバランスも崩れることになります。

11. 2022年7月8日11時31分に撃たれ、同日に亡くなられました。

発射された時間の四柱：壬寅年　丁未月　壬戌日　丙午時

発砲する時間の四柱を見ると、壬寅年、水木の流年で、木の力は強くなります。寅木は年干甲木の根ですので、忌神の甲木が強まります。流年天干壬水と時干丁火と支合、流年地支寅木と時支丑土と暗合の関係ですので、命式の時柱と天地合の関係で、水は火を消すので、用神の丁火が致命的なダメージを受けます。日支から見ると、寅木は駅馬星です。2022年に命式は選挙活動のために、よく移動しました。流年の地支の寅木と命式の年支午火と半会火局、大運の辰土と月支酉金と半会金局、火と金の戦いが強くなります。さらに、年干壬水と日干壬水合剋丁火、丁火に対するダメージがあまりに大きいので、すべてが崩れました。亡くなった時刻は酉刻でした。生まれ月の酉は空亡し、命式全体に良い作用をしていましたが（忌神は空亡して吉）、酉刻に空亡が実填されたからです。

第4章

胎元、命宮、身宮

胎元、命宮と身宮は、盲派四柱推命の中で無視できない要素です。盲派の先生は、時々、胎元、命宮、身宮だけで占うことがあります。胎元、命宮、身宮と、四柱を併せて七柱推命学と呼ばれることもあります。命式の四柱の上に、三柱を足すと、さらに詳細に推命することができます。四柱でなかなか判断できにくい場合は、胎元、命宮と身宮を合わせて見ると、もっと詳しく的確に、一生の財運、事業運、健康運などを判断できます。

第1節　胎元

1．胎元とは

伝統派四柱推命にしても、盲派四柱推命にしても、その人が生まれた時点に基づいて命式を作成し、推命をします。一方、母親が妊娠し始める月から推命する方法があり、それを胎元《たいげん》と呼びます。胎元は、受胎するときに宇宙から与えられたエネルギーの強弱を反映していると、盲派四柱推命では考えます。胎元を、種を播く瞬間のことと考えれば良いでしょう。つまり、質の良い種を播く時期に播いて、太陽光と水分が充分であれば、種はすくすくと育っていくのです。胎元は、生まれる前の「先天の気」を司り、生まれた時点での四柱は「後天の形態」だと考えられています。

例えば、ある人が大吉の四柱を持っていて、胎元と良い組み合わせであれば、さらに吉であり、一生の福運が良くなります。四柱が大吉であっても、胎元との組み合わせが悪ければ、大吉とは言えません。四柱が悪くて、さらに胎元との組み合わせも悪ければ、生涯苦労する悲惨な人生となるでしょう。したがって、胎元が表す吉凶は、寿命、健康、一生の運勢に直結します。

2. 胎元の役割と作用

(1)命式に現れなかった情報を胎元でみることができるので、胎元は、命式を補助する役割があります。例えば、命式の中に用神や喜神の力が足りない場合は、胎元を見て、命式を生扶することができるかどうかを判断します。

(2)命式は生まれ時刻に基づいて作成されます。しかし、人間の命の始まりは、出生時ではなく、母親が妊娠した時点からです。母親が妊娠し始めたときから、その赤ちゃんの運命や六親に対する影響は発生し始めています。そこで、母親が妊娠した時の時間を干支に転換して、胎元と名付けるようになりました。胎元は命式の四柱と冲剋することを嫌います。

(3)胎元の納音を使って一生の吉凶を推測することができますが、これは一般には公開できない秘伝です。

(4)胎元に天徳貴人、月徳貴人、天乙貴人などの大吉の貴人が組み合わされば、先祖や貴人に守られます。

この他にも、胎元を使って、生まれた家柄を見る方法など、いろいろな技法が存在していますが、いずれも秘伝に属する技法ですので、ここで公開することはできません。

3. 胎元の調べ方

生まれ月の地支を三つ先に進めて、天干を一つ先に進めます。例えば、庚午月生まれの場合は、午を三つ先に進めると、未・申・酉となり、酉を使います。庚を一つ先に進めると、辛ですので、庚午月生まれの方の胎元は、辛酉となります。ということで、この人の母親は辛酉月に妊娠したと考えます（医学的にはこのとおりではないかもしれませんが、占術上では、このように理解します）。

【例1】 男性（1980年3月30日未時生まれ）

年	庚	申
月	己	卯
日	壬	寅
時	丁	未
	天干	地支

【分析】

1. 生まれ月は己卯です。卯を三つ先に数えると、午です。己を一つ先に数えると、庚ですので、胎元は庚午です。

2. 命式を見ると、卯月生まれの日干壬水で、天干に水がなくて、唯一、偏印申金に通根するので、金が用神です。年柱の庚申は金ばかりの干支で、日干壬水を生じますが、寅と申の冲によって、「印星を捨てた」象になります。四柱だけ見ると、高学歴ではないことも推理できます。

3. しかし、胎元は庚午で、庚金が、年干庚金と日干壬水を生じ、午火は寅木と三合半会しますので、寅申冲の影響は弱められ、胎元が年干支を救う形となり、結果、印星は良い状態にあります。実際、この人は大学卒です。

【例2】男性（1947年12月20日辰時）

	天干	地支
年	丁	亥
月	壬	子
日	癸	酉
時	丙	辰

【分析】

1. 子月生まれの癸水で、建禄格です。月柱壬子、日干癸水の劫財で、年支亥水は比肩です。日支酉金に生じられ、日干癸水はかなり強いです。
2. 生まれ月は壬子で、胎元は癸卯です。
3. 命式の丁火は偏財で、この人の父親です。丁火は地支に通根せず、坐亥水で、かなり弱いです。幸い、亥水の蔵干甲木と、時干丙火が、丁火を少し助けます。しかし、胎元癸卯は、年柱と天剋地冲です。胎元癸卯は、時柱丙辰と天剋地害で、丁火を助けるはずの、亥水の蔵干甲木と、時干丙火が完全に潰されてしまっていますので、丁火を助けるものが致命的にないことがわかります。結果、この人が生まれる前に父親は事故で亡くなりました。胎元は生まれる前の状態を表すからです。

第2節　命宮

命宮《めいきゅう》は、命式のエッセンスです。命宮は、人生の帰着点であり、家や家庭のようなものと考えると良いでしょう。

また、命宮は、能力、事業運なども司ります。命宮は強いほうが良く、衰弱していると悪いです。また、命宮は、胎元や身宮（第3節）と、刑、冲、害、剋してはいけません。命式の四柱と刑冲害剋の関係にあることも凶です。胎元・身宮・命宮と、命式が刑冲害剋になっていると、性格は不安定で、不健康であり、事業などの運勢も安定せず、生涯の財運、富貴運などに大きく影響します。

命宮は、その人の思想や行為、どんな分野に向いているかなども表します。命宮が違うと、生まれながらに備えている才能も違いますので、どのような仕事がふさわしいのかも判断できます。

盲派には、命宮に神煞を振りあてて判断する技法など、

	旧暦1月	旧暦2月	旧暦3月	旧暦4月	旧暦5月	旧暦6月	旧暦7月	旧暦8月	旧暦9月	旧暦10月	旧暦11月	旧暦12月
子刻	卯	寅	丑	子	亥	戌	酉	申	未	午	巳	辰
丑刻	寅	丑	子	亥	戌	酉	申	未	午	巳	辰	卯
寅刻	丑	子	亥	戌	酉	申	未	午	巳	辰	卯	寅
卯刻	子	亥	戌	酉	申	未	午	巳	辰	卯	寅	丑
辰刻	亥	戌	酉	申	未	午	巳	辰	卯	寅	丑	子
巳刻	戌	酉	申	未	午	巳	辰	卯	寅	丑	子	亥
午刻	酉	申	未	午	巳	辰	卯	寅	丑	子	亥	戌
未刻	申	未	午	巳	辰	卯	寅	丑	子	亥	戌	酉
申刻	未	午	巳	辰	卯	寅	丑	子	亥	戌	酉	申
酉刻	午	巳	辰	卯	寅	丑	子	亥	戌	酉	申	未
戌刻	巳	辰	卯	寅	丑	子	亥	戌	酉	申	未	午
亥刻	辰	卯	寅	丑	子	亥	戌	酉	申	未	午	巳

細かい技法が伝わっていますが、この部分は、秘伝中の秘伝となりますので、本書では非公開とさせていただきます。

命宮の調べ方は複雑なので、前ページの表を使って、まず、生まれ月（旧暦）と、生まれ刻から、命宮の十二支を調べてください。

命宮の十二支が決まりましたら、次に、生まれ年の十干と、上記で決まった命宮の十二支から、命宮の天干を求めます。

【例1】　甲午年、己巳月、辰時生まれの人の命宮を調べます。

1．旧暦の4月生まれですので、先ほどの表で、旧暦4月と辰刻の交わる箇所を見ますと、「申」です。

2．次に、「申」と、生まれ年の「甲」から、「壬」が確認できます。

結果、命宮は、「壬申」です。

	年	月	日	時
天干	庚	己	壬	丁
地支	申	卯	寅	未

【例2】

命宮を調べます。

1．表の中で、旧暦2月生まれと、未刻が交わるところの「未」を命宮の十二支とします。

2．庚年生まれですので、「庚」と「未」と交わる

	子	丑	寅	卯	辰	巳	午	未	申	酉	戌	亥
甲	丙	丁	丙	丁	戊	己	庚	辛	壬	癸	甲	乙
乙	戊	己	戊	己	庚	辛	壬	癸	甲	乙	丙	丁
丙	庚	辛	庚	辛	壬	癸	甲	乙	丙	丁	戊	己
丁	壬	癸	壬	癸	甲	乙	丙	丁	戊	己	庚	辛
戊	甲	乙	甲	乙	丙	丁	戊	己	庚	辛	壬	癸
己	丙	丁	丙	丁	戊	己	庚	辛	壬	癸	甲	乙
庚	戊	己	戊	己	庚	辛	壬	癸	甲	乙	丙	丁
辛	庚	辛	庚	辛	壬	癸	甲	乙	丙	丁	戊	己
壬	壬	癸	壬	癸	甲	乙	丙	丁	戊	己	庚	辛
癸	甲	乙	甲	乙	丙	丁	戊	己	庚	辛	壬	癸

ところの「癸」を命宮の天干として、結果、命宮は「癸未」となります。

3. 胎元は庚午です。胎元と命宮、つまり、庚午と癸未は、午未合、庚金生癸水であり、刑冲害剋の関係ではないので、良好です。しかし、胎元の午は命式の卯と破の関係です。破は、刑冲害剋に比べて、影響は弱いのですが、一応の凶作用はあります。日干から見て、卯木は食神、午火は偏財です。卯が大運や流年に巡ってくると、間違った投資判断などによって損失を被りやすいと判断します。

第3節 身宮

身宮《しんきゅう》、または身宮十二月といいます。主に人の一生の財産がどれくらい稼げるのかを判断する基準となります。四柱推命では、財は命を支える源だといわれます。人間は生きている間、お金がなければ、何もできません。したがって、財源の大きさは、将来事業の成敗と関係を結びついています。

また、身宮は人の将来の社交、コミュニケーションなどの才能や、処世や物事を処理する能力を表します（盲派秘伝の考え ①身宮は日柱の空亡になってはいけない。一生財運は不安定で、財産を貯められない。②身宮の地支は冲刑害されると、一生財運が悪い。③身宮の干支は日柱を生合すると、一生の財運がいい）。

身宮の調べ方は、左記のようになります。

1．十二支の子を正月にして、時計回りで十二月を決めます（命宮と反対にします）。つまり、子は正月、丑は二月、寅は三月、卯は四月、辰は五月、巳は六月、午は七月、未は八月、申は九月、酉は十月、戌は十一月、亥は十二月の順にします（身宮の十二月は、実際の旧暦の暦通りの月と違うので、間違えないように気をつけてください）。

2．生まれ月の地支を1番で決めた月の地支と交替します。例えば、辰月生まれは、辰は旧暦の三月ですので、身宮十二宮の表で三月を探して、寅です。

3．生まれ時の地支を2番で決めた身宮十二支の地支に入れて、時計逆回りで酉まで数えると、身宮になります。例えば、辰月巳時生まれ、巳を2番で決めた寅に入れて、時計の逆順で酉まで数えていきます。巳→寅、午→丑、未→子、申→亥、酉→戌まで、戌は辰月巳時生まれの身宮です。

4．地支を決めてから、生まれ年の天干から身宮の天干を数えて決めます。数える方法は、下の表に従って決めます。

5．生まれ年で決めた天干を十二支の子の上にして、3番で決めた身宮の地支まで数え

身宮十二月

巳 六月	午 七月	未 八月	申 九月
辰 五月			酉 十月
卯 四月			戌 十一月
寅 三月	丑 二月	子 正月	亥 十二月

生まれ年から時干を決める表

生まれ年	甲、己	乙、庚	丙、辛	丁、壬	戊、癸
時干	甲	丙	戊	庚	壬

ていきます。例えば、丙○年○辰月○○日○巳時生まれ、丙年は戊子からスタートします。身宮の地支は戌（上の3番）ですので、戊子から戌まで数えていきます。戊子↓己丑↓庚寅↓辛卯↓壬辰↓癸巳↓甲午↓乙未↓丙申↓丁酉↓戊戌まで、戊戌が身宮になります。

【例】

	天干	地支
年	庚	申
月	己	卯
日	壬	寅
時	丁	未

身宮を調べます。

1. 卯は旧暦の二月ですので、身宮十二月の場合は、丑は二月です。
2. 生まれ時の未を、丑のところに入れて、時計逆回りで酉まで数えていきます。未↓丑、申↓子、酉↓亥まで数えて、亥が身宮の地支です。
3. 庚年生まれですので、上の表を見て、庚年生まれの場合は、丙子から亥まで数えます。丙子↓丁丑↓戊寅↓己卯↓庚辰↓辛巳↓壬午↓癸未↓甲申↓乙酉↓丙戌↓丁亥。丁亥は身宮です。
4. 胎元は庚午（第1節胎元）、命宮は癸未（第2節命宮）、身宮は丁亥です。午と未は六合、午と亥は暗合、地支の間に冲刑害の関係がありません。また、胎元命宮と身宮は命式と冲刑害などの悪い関係がありません。したがって、この人は生れつき福運があると判断できます。
5. 亥は命式の月支卯、時支未と三合木局、日支寅木と揃えて、日干壬水の気を洩らしますが、胎元の天干庚金と年柱庚申は強く日干壬水を生じます。食神傷官の木もかなり強いので、正財の丁火を生じます。金儲けする能力がとても高いでしょう。

第5章

身命十二宮

第1節　身命十二宮総論

太陽と月は黄道に沿って運行し、年に12回会合するポイントが生まれます。ここから、十二星座、十二支、十二宮などのシステムが考案されたと考えられます。面相学でも、早い時期に、十二宮を顔面の十二部位に対応させる技法が確立されました（面相学の詳細は、拙著『詳細　面相学』を参照のこと）。紫微斗数、大六壬、太乙神数などの占いでは、十二宮が用いられています。

盲派四柱推命の身命十二宮の理論は、一般的な四柱推命理論とは異なる独立した技法であり、昔から秘中の秘、密法として伝えられてきました。身命十二宮を使う場合、大運等を見なくても推命できます。本書では、詳細を明らかにすることはできませんが、概要を説明したいと思います。

1. 身命十二宮の名前と順序

身命十二宮の名前と順序は、紫微斗数と似ているところもあれば、異なるところもあります。

⑴ 身命宮《しんめいきゅう》：ここでいう身命宮は、前章で紹介した命宮・身宮とは違うシステムです。身命宮とは、生まれたときの状態を表します。

⑵兄弟宮《けいていきゅう》：兄弟姉妹を司ります。兄弟宮が吉である場合は、兄弟姉妹の仲が良いです。劫煞のような凶煞が影響すると、兄弟姉妹は貧賤、孤独になるか、持病があります。駅馬に逢えば、兄弟姉妹と離れて暮らし、縁が薄いです。桃花に逢えば、兄弟姉妹は酒色に溺れます。

⑶夫妻宮《ふさいきゅう》：結婚した後の状況を表します。夫妻宮が禄神、長生、帝旺である場合は、結婚相手は外見に優れ、能力が高く、結婚した後、本人の運勢が随分良くなります。また、夫婦仲がとても良いです。空亡、凶煞、死、墓、絶であれば、孤独になるか、夫婦仲が悪いです。

⑷子孫宮《しそんきゅう》：結婚の次は、子供を生むと考えて、子孫宮は子供の状況を表します。子孫宮が天徳貴人、月徳貴人、天乙貴人に逢い、長生、臨官、帝旺であるなら、良い子供を授かります。凶煞、死、墓、絶などであれば、子供の成長に悪いです。

⑸財帛宮《ざいはくきゅう》：財は命の源です。財帛宮が空亡であれば、貧困です。財帛宮が強ければ、財運が良く、金持ちになります。

⑹田宅宮《でんたくきゅう》：財産があれば、土地や家を買うので、財帛宮の次に田宅宮がきます。田宅宮が喜用神の場合は、田宅を多く所有し、安定します。忌神、凶煞などである場合は、兄弟姉妹や子供が田宅をめぐって争ったりします。また、破財することもあります。

⑺官禄宮《かんろくきゅう》：財産、田宅が身につくと、次に功名と名利を追求します。官禄宮が喜用神になる場合は、有名になり、社会的な地位が高いです。忌神や凶煞に逢う場合は、欲に溺れて、ステータスや名誉を損ないます。

⑻奴僕宮《ぬぼくきゅう》：奴僕とは、金持ちや貴族に仕えた使用人のことを意味する昔の言葉です。現代では、家政婦や従業員のことを指します。本人が強い命で、奴僕宮が喜用神なら、従業員は真面目で一生懸命働いてくれます。本人の命が弱くて、奴僕宮が強い場合は、従業員が偉くなって、従ってくれません。

⑼災厄宮《さいやくきゅう》：災いや病気などのことを司ります。

⑽福徳宮《ふくとくきゅう》：その人が積んできた福運を表します。福徳宮が吉の場合は、運命が良くて、幸せです。凶の場合は、貧困で、大変な運命を送ります。

⑾相貌宮《そうぼうきゅう》：体型、容貌、容儀などを表します。

⑿父母宮《ふぼきゅう》：両親の情報を表します。また、両親との縁があるかどうかなどを判断します。

身命十二宮は、易学の循環往復の哲理を反映しています。人生を大きく十二段階に分けて分析する思想で、生老病死とも関係が深いです。

2. 身命十二宮の調べ方

まずは、第一の身命宮を決めます。身命宮が決まれば、兄弟宮、夫妻宮、子孫宮、財帛宮、田宅宮、官禄宮、奴僕宮、災厄宮、福徳宮、相貌宮、父母宮の順番で自動的に決まっていきます。後述のとおり、男性は順回り、女性は逆回りになります。

(1)「生まれ月の干支（月干支）」を「子刻」と対応させ、生まれ時刻まで数えて、そこに対応する干支を身命宮とします。

(2)身命宮が決まれば、男性は順回り、女性は逆回りで、兄弟宮以下の十一宮を割り当てます。

上記の説明だけでは理解しにくいかもしれませんので（実際は簡単）、次の実例にてご確認ください。

【例1】　男性

	天干	地支
年	庚	申
月	己	卯
日	壬	寅
時	丁	未

(1)月柱の「己卯」を「子刻」と対応させ、生まれ時刻である「未刻」まで数えていきます。子刻＝己卯、丑刻＝庚辰、寅刻＝辛巳、卯刻＝壬午、辰刻＝癸未、巳刻＝甲申、午刻＝乙酉、未刻＝丙戌となりますので、未刻に対応する「丙戌」が身命宮となります。

(2)男性ですので、戌、亥、子、丑……と、順回りで十二宮を割り当てていきます。丙戌＝身命宮、丁亥＝兄弟宮、戊子＝夫妻宮、己丑＝子孫宮、庚寅＝財帛宮、辛卯＝田宅宮、壬辰＝官禄宮、癸巳＝奴僕宮、甲午＝災厄宮、乙未＝福徳宮、丙申＝相貌宮、丁酉＝父母宮となります。

【例2】女性

年　甲　辰
月　癸　酉
日　乙　酉
時　己　卯

干支
天地

(1)月柱の「癸酉」を「子刻」と対応させ、生まれ時刻である「卯刻」まで数えていきます。子刻＝癸酉、丑刻＝甲戌、寅刻＝乙亥、卯刻＝丙子となりますので、卯刻に対応する丙子が身命宮となります。

(2)女性ですので、子、亥、戌、酉……と、逆回りで十二宮を割り当てていきます。丙子＝身命宮、乙亥＝兄弟宮、甲戌＝夫妻宮、癸酉＝子孫宮、壬申＝財帛宮、辛未＝田宅宮、庚午＝官禄宮、己巳＝奴僕宮、戊辰＝災厄宮、丁卯＝福徳宮、丙寅＝相貌宮、乙丑＝父母宮となります。

第2節　身命十二宮の実例

身命十二宮は、人生を十二段階に分け、生老病死の各段階と対応しています。身命十二宮で推命する場合、まず、身命十二宮それぞれの関係を分析します。何宮と何宮が生合し、何宮と何宮が冲剋刑害の関係にあるのかについて、充分に検討する必要があります。その次に、命式と大運とを併せて判断します。

本節は、実例を用いて、身命十二宮の具体的な推命法を説明していきます。

【例1】男性（1965年6月29日辰時）

	時	日	月	年	
天干	戊	甲	壬	乙	
地支	辰	寅	午	巳	(子丑空)

身命十二宮を調べます。

⑴生まれ月を「子」と対応させ、生まれ時刻の「辰」まで数えていきます。子刻＝壬午、丑刻＝癸未、寅刻＝甲申、卯刻＝乙酉、辰刻＝丙戌となりますので、辰刻に対応する「丙戌」が身命宮となります。

⑵男性ですので、順回りで十二宮を割り当てていきます。

丙戌＝身命宮　丁亥＝兄弟宮　戊子＝夫妻宮
己丑＝子孫宮　庚寅＝財帛宮　辛卯＝田宅宮
壬辰＝官禄宮　癸巳＝奴僕宮　甲午＝疾厄宮
乙未＝福徳宮　丙申＝相貌宮　丁酉＝父母宮

1．身命宮丙戌と命式との関係を見てみましょう。身命宮は、その人が生まれた時の状態を意味します。命式から見て、丙火は月徳貴人ですから、生まれつき福運に恵まれ、周囲に助けてくれる人が多かったと見ます。戊土と命式の月支午火と日支寅木が三合食傷火局、日干甲木は坐禄神、月干壬水に生じられ、年干乙木に助けられるので、強旺です。食傷も強いので、時柱戊辰の財を生じる力が強いです。したがって、生まれつき財運に恵まれていると判断します。

2．兄弟宮では、兄弟姉妹との関係を見ます。兄弟宮は丁亥です。日干甲木から見て丁火は傷官で、亥水は正印です。亥水は月支午火と暗合して、午火は食神です。この意味は、兄弟姉妹と仲が良く、常に兄弟姉妹のことを大事にしていて、互いに助け合うとわかります。

3．夫妻宮は戊子で、男性にとって妻を表します。子水は午火と冲の関係で、夫婦間で意見の食い違いがよく起きて、喧嘩することがわかります。時柱戊辰と天同地合（天干が同じで地支が合）、妻は子供（時柱は子供）と仲が良いので、離婚するまでいかないでしょう。

4．子孫宮は己丑で、子供を表します。己土は日干甲木と干合で、丑土と日支寅木が暗合です。ほかに、丑と月支午火と害の関係、時支辰土とは破の関係です。己丑は命式の四つの地支の中に、三つの冲害破があります。子供をとても大事にして、子供も両親と仲が良いのですが、考え方や物事に対する認識がかなり違うことが、ここに表れています。丑辰破のもう一つの象は、子供にお金を派手に使う傾向があり、いつも子供からお金を強請られることです。

5．財帛宮は庚寅です。年柱から見ると、寅卯は空亡ですので、財帛宮庚寅は空亡になります。財帛宮が空亡というのは、一般的にお金がないと考えますが、命式と併せて読むと、少し違います。庚金は日干甲木から見て七殺で、寅木は甲木の禄神で、日支と伏吟になります。月柱壬午との関係を見ると、天干は庚金生壬水、地支は寅午半会ですので、官生印、印生日干になるので、七殺の庚金は、とても良い役割を果たしています。お金を稼ぐ能力があるということです。ただし、庚寅はあくまで空亡ですので、やはり財運が強いとは読みません。庚金はキラキラで光る象がありますので、総合すると、この人は常に豪華な格好をして、周りには金持ちのように見えますが、それは表向きだけのことで、内実は、お金を稼ぐ能力があるが、金持ちではないと判断します。

6．田宅宮は辛卯です。寅卯は空亡ですので、田宅宮も空亡になります。さらに卯辰害、卯午破ということを見ると、それほど田宅を持ってはいないかもしれません。卯は日干甲木にとって羊刃で、年干乙木からすれば禄神です。命式の寅木・辰土と、卯は東方合になります。田宅宮ですから、もし、仮に不動産関係のビジネスを行っているとすれば、家族や友人などと共同経営すると推測されます。財帛宮と田宅宮を併せて見ると、財帛宮の庚辛は官星です。官星には、政府や官僚、公官庁といった象もありますので、そうした方面から仕事やお金をもらうこともあるかもしれません。

7．官禄宮は壬辰です。官禄宮は、将来、官僚や公務員になれるかどうかを判断する要として非常に重視されてきました。壬水は日干甲木からして偏印です。官禄宮に印星がつきますので、官僚や公務員になれると判断します。しかし、官禄宮は身命宮の丙戌と天剋地冲であり、官禄宮の辰土は、時支の辰土と伏吟かつ自刑ですので、官僚や公務員になっても、結局、官職に合わずに、自分の意思で辞めることになるだろうと判断します。官禄宮に財星が出ていないこと、次の奴僕宮で、部下を持つことが苦手であること、財帛宮が弱いことなどから、総合的に、経営者にもなれないだろうと判断します。

8．奴僕宮は癸巳です。今の時代、奴僕（召使い、奴隷）はいませんが、部下がいるかどうか、部下に命令する能力があるかどうかを判断する場所となります。時干戊土と癸水と干合で、正印合財の象です。巳火は傷官で、年支巳火と伏吟で、日支寅木と害です。寅巳害が表しているのは、人を使うのが好きではないということです。

9．疾厄宮は甲午です。午火は日干から見て食神で、命式の月支の午と伏吟かつ自刑です。疾厄宮の午と身命宮の戌と日支寅が三合火局になり、火の力がかなり強く、日支の寅木が燃えてしまいますので、自分の健康に用心せずに、結果、体調を崩してしまうと考えられます。ちなみに、命式中に寅巳害がありますが、これは健康問題を暗示しています。しかし、通常、寅木は空亡ですから、健康に問題はありません。ただし、大運や年運に寅が巡ると、そこで病気をする可能性が高いです。

10．福徳宮は乙未です。福徳宮は、どれほどの福運を持っているかを表しています。福徳宮の乙木は、年干の乙木と伏吟になります。年支巳火と月支午火と、乙未は南方合です。福徳宮は、年柱・月柱と密接に結びついています。年柱は先祖、月柱は父母や兄弟姉妹のことです。ということは、先祖と両親が積んだ福徳が、自身に巡ってきていると判断できます。未は天乙貴人ですから、一生、貴人に助けられることでしょう。

11．相貌宮は丙申です。申金は日支の寅木を冲剋し、年支の巳火と刑合ですので、相貌はハンサムとは言えません。

12．父母宮は丁酉です。丁火と壬水と干合で、巳酉半合、辰酉支合です。水生木生火生土生金、循環相生ですので、両親から大事にされ、両親に親孝行をします。父母宮の酉は、時支の酉と辰酉合ですから、両親から孫への愛情は強いと考えます。

【まとめ】

以上の分析は、身命十二宮を使った、基本的な判断となります。他にも、詳しい分析は可能です。身命十二宮と命式、さらには限運、大運、流年と組み合わせて見ることで、果てしなく占うことができます。

【例2】　男性（1980年3月30日未時）

身命十二宮を調べます。

⑴月柱の「己卯」を「子」と対応させ、生まれ時刻である「未」まで数えていきます。子刻＝己卯、丑刻＝庚辰、寅刻＝辛巳、卯刻＝壬午、辰刻＝癸未、巳刻＝甲申、午刻＝乙酉、未刻＝丙戌となりますので、未刻に対応する「丙戌」が身命宮となります。

⑵男性ですので、戌、亥、子、丑……と、順回りで十二宮を割り当てていきます。

	年	月	日	時
天干	庚	己	壬	丁
地支	申（辰巳空亡）	卯	寅	未

丙戌＝身命宮　丁亥＝兄弟宮　戊子＝夫妻宮
己丑＝子孫宮　庚寅＝財帛宮　辛卯＝田宅宮
壬辰＝官禄宮　癸巳＝奴僕宮　甲午＝災厄宮
乙未＝福徳宮　丙申＝相貌宮　丁酉＝父母宮

1．身命宮丙戌。身命宮はダメージを受けてはいけません。戊土は命式の未土と刑の関係があるので、生れつき体が弱いことがわかります。象法で考えると、土は脾臓や胃を司るので、そうした部分が弱くなります。土は日干から見て官殺ですので、大運や流年が戊土にダメージを与えると、仕事や健康に問題があります。例えば、未大運・丑流年といった形になると刑の被害が強くなるので、身命宮は大きなダメージを受けます。

2．兄弟宮丁亥。亥卯未三合木局、寅と亥と六合です。兄弟姉妹との関係はとても良くて、人間関係も良いです。亥水は禄神で、日干壬水の身体とします。亥卯未三合木局の表すところは、自分の時間や労力を家族や友人に費やすことが多く、皆に好かれるということです。

3. 夫妻宮戊子。命式との組み合わせは、申子は半合、子卯は刑、子未は害の関係を持ちます。子刑卯、卯木は日干壬水から見て傷官です。妻との考え方が違うので、常に意見が合わずに喧嘩します。子と未は害の関係です。未土は日干壬水から見て七殺です。七殺は時柱にあり、男性にとっては娘を意味します。妻と娘が害ですから、子供に厳しく教育するのではないかと判断します。

4. 子孫宮己丑。子供のことを見ます。丑土は夫妻宮の子水と支合ですので、妻は子供に対する教育は厳しく、かつ非常に大事にしています。日支寅木と暗合で、寅木は食神で、親子関係はとても良いです。丑と時支未土と刑冲です。時柱との冲は、子供に病気や災いがあると考えられます。

5. 財帛宮庚寅。一生の財運と、金儲けの手段を反映します。財帛宮の庚金は年干の庚金と伏吟、寅木は日支と伏吟で、年支申金と冲します。寅木は食神で、才能や技能のことです。申は別名「伝送」といい、風水学や大六壬で道路を表します。寅申冲は、交通や運転に関する象を表すので、運転手や道路交通に関する仕事に従事すると判断できます。また、庚申は日干から見て印星です。印は不動産や車の象があるので、不動産や車に関する仕事も、お金を稼ぐ手段となりえると判断します。

6. 田宅宮辛卯。卯木は傷官で、年支申金と暗合です。申金は日干壬水から見て偏印で、田宅のことを意味します。また、田宅宮の天干辛金は日干壬水から見た正印です。卯申暗合が表す象は、不動産の売買をする、もしくは家を買うことができると考えます。

7. 官禄宮壬辰。官禄宮は仕事や事業のことを司り、一生の名誉と利益を見る宮です。官禄宮の壬水は、日干と伏吟です。寅卯辰と東方合で、木は日干壬水から見て食神傷官ですので、とても聡明で良い仕事をしていることがわかります（辰土は偏官です）。

8．奴僕宮癸巳。巳火は日干壬水から見た正財で、命式と組み合わせると、日支寅木、年支申金と寅巳申三刑が揃うので、人を雇う、または使うことがほとんどできないので、役職者である可能性が低いです。奴僕宮と刑すると、人を使うことができません。無理やり行おうとすれば、トラブルになるでしょう。

9．災厄宮甲午。甲木と月干己土が干合です。己土は日干壬水から見た正官で、災厄宮と合することは、仕事の中で災いや怪我する可能性があると考えます。午火は日支寅木と半合、時支未土と支合になります。未土は正官ですので、同じく仕事に関する災いを表します。また、官星は男性にとって子供ですので、災厄宮が発動すると、子供は病気や事故などがあると判断します。

10．福徳宮乙未。乙庚合、年干の庚金は日干壬水から見た印星で、母親を代表します。母親が福徳宮と合する象は、母親は常に善行をして、福徳を積んでいるということです。未土は命式と冲刑害剋の関係がなくて、母親の恩恵を受けていて、福運も巡ってきていると考えます。

11．相貌宮丙申。一般的に福徳を積んでいる人の相貌は、きれいです。特に日干が丙火の人は、目が大きく、きれいです。ただし、命式と刑冲害剋などの関係があれば、そうではないです。丙申と日柱壬寅は天剋地冲ですので、とてもハンサムとは判断しにくいです。

12．父母宮丁酉。丁壬合で、両親と仲がとても良いです。卯酉冲、卯木は日干壬水から見た傷官で、卯酉冲が表す象は、自分の考え方や思想が両親と違っているということです。

【例3】　女性（1964年10月3日卯時）

	時	日	月	年	
天干	己	乙	癸	甲	
地支	卯	酉	酉	辰	（午未空亡）

【分析】

身命十二宮を調べます。

⑴月柱の「癸酉」を「子刻」と対応させ、生まれ時刻である「卯刻」まで数えていきます。子刻＝癸酉、丑刻＝甲戌、寅刻＝乙亥、卯刻＝丙子となりますので、卯刻に対応する丙子が身命宮となります。

⑵女性ですので、子、亥、戌、酉……と、逆回りで十二宮を割り当てていきます。

丙子＝身命宮　乙亥＝兄弟宮　甲戌＝夫妻宮
癸酉＝子孫宮　壬申＝財帛宮　辛未＝田宅宮
庚午＝官禄宮　己巳＝奴僕宮　戊辰＝災厄宮
丁卯＝福徳宮　丙寅＝相貌宮　乙丑＝父母宮

1．身命宮丙子。子水は日干乙木から見た正印で、天乙貴人です。子水は年支の辰土と半合で、年干の甲木を生じます。子は、日支・月支の二つの酉金と破の関係で、時支の卯木と刑の関係でもあります。卯木は日干乙木の禄神で、日禄帰時格（格局の一つ）です。これが意味するのは、母親は子供たちに対する教育が厳しく、兄を大事にしたことですが、兄はこの女性を大事にしていたので、きょうだいの仲はとても良いです。しかし、母親との関係は良くありません。また、子水は禄神卯木を刑するので、虚弱体質です。

2．兄弟宮乙亥。乙木は日干と伏吟で、亥水は禄神卯木と半合しながら生じるので、きょうだいはとても仲が良いと判断します。

3．夫妻宮甲戌。戌土と日支の酉金は害ですので、身命宮の子酉破と合わせて考えると、夫との関係が悪いでしょう。辰戌冲で、辰土は印庫ですから、夫と、夫の親との仲は良くないです。

4．子孫宮癸酉。月柱の干支と伏吟、日支の酉金と自刑、伏吟で、三つの酉金が揃って時支の禄神卯木と冲します。酉金は刃物で、卯酉冲が表す象は手術ですので、流産する可能性があるとか、帝王切開でお産すると考えられます。子孫宮癸酉と時柱と天剋地冲ですので、子供を授かりにくいです。

5．財帛宮壬申。身命十二宮は、命式と合すると吉と判断できるので、申金と禄神卯木とが暗合で、印庫の辰土と拱合になりますので、金生水、水生木になるので、仕事運はとても良く、稼ぎが良いです。

6．田宅宮辛未。卯未半合木局です。禄神卯木が入庫する象です。田宅宮ですので、未土は家と考えられます。辛金は日干乙木から見た官星で、旦那とします。また、未土から見て乙木の偏財です。田宅宮と命式との組み合わせで見えてくるのは、夫婦共同のお金で家を買うことです。その家に入居すれば、運勢・健康共に良くなるでしょう。

7．官禄宮庚午。正官星庚金は日干乙木と干合で、午火は日干乙木から見た傷官です。そのため、自分のアイデアや才能によって仕事をすると考えられ、自営業もしくは経営者である可能性が高いです。

8．奴僕宮己巳。食神巳火は日支酉金と半合で、己土は日干乙木から見た偏財ですので、人を使って、お金を稼ぎます。官禄宮と合わせて見ると、経営者であることがわかります。

9．災厄宮戊辰。年支の辰と自刑で伏吟になります。災厄宮辰土は日支酉金と支合で、禄神の卯木と害です。禄神は身体を意味するので、災厄宮と害するということは、身体にダメージがあると考えられます。辰土は地網で、「女性は地網を恐れる」という訣があるので、財によって牢獄の災いを招き、身体は不自由になるのではないかと考えます。２０２３年からの第六大運は戊辰大運、２０２４年は甲辰流年、災厄宮と伏吟で、酉金と合するので、２０２４年は災いの応期です。

10．福徳宮丁卯。福徳宮では、先祖や自分がどれくらいの徳行を積んできたかを判断します。福徳宮が命式と良い組み合わせであれば、福運が良いです。福徳宮が良ければ、災いがあっても大きな被害を受けないものです。また、福徳宮は丁卯で、時支の禄神卯木と伏吟です。卯酉冲、卯辰害、命式との組み合わせは悪く、福運が良くないので、２０２４年の災いから逃れられないです。

11．相貌宮丙寅。容貌を表します。徳行を積んでいる人の容貌は一般的に良いですが、命式との組み合わせで見ると、寅卯辰を東方合で、日支酉金と冲して、木と金の戦いが熾烈ですので、きれいな方ではないでしょう。

12．父母宮乙丑。日干乙木と伏吟で、丑土と日支酉金とが半合ですので、父親とはとても仲が良く、頼りになります。

第6章 限運と大運

第1節　限運総論

1. 限運とは何か

限運とは、盲派四柱推命の特殊な概念であり、不可欠な要素です。伝統派四柱推命が限運を使用することは、まずありません。限運は、宋の時代までは、よく使われたそうです。

盲派四柱推命の先生は、時々命式を出して、大運を計算せずにそのまま相談者の年運を占うことがあります。一見、何かの神通力かと思いますが、実は、限運を使って推命しているのです。限運を使うと、大運なしでも正確に運勢を占うことができますが、大運と合わせて推命すると、さらに的中率が高まります。

四柱推命では、最も大切なのは、生年月日時によって導き出される命式の八つの文字です。この八つの文字は、一生涯、影響します。命式を補完する形で、大運・流年を取り入れて推命していきます。したがって、すべての推命は八字を中心にして分析します。そして、限運とは命式の八字を基にしてできた推命方法です。

盲派四柱推命の考えでは、限運を優先し、大運は補助と考えます。限運と大運は互いに補完し合っています。一般的に、限運と大運が表す情報は一致します。特殊格局において、限運では手に負えない時がありま す。例えば、専旺格、従格の場合は、大運で判断したほうが的中率は高くなります。

限運の計算はとても簡単です。八字の一文字は8年、八文字ですので64年です。年柱は1～16歳（年干は1～8歳、年支は9～16歳）、月柱は17～32歳（月干は17～24歳、月支は25～32歳）、日柱は33～48歳（日干は33～40歳、日支は41～48歳）、時柱は49～64歳（時干は49～56歳、時支は57～64歳）、65～80歳は再び年柱で見ます（年干は65～72歳、年支は73～80歳）。

これらの年齢は、当然ながら、満年齢でなく、数え歳です。また、流派によっては、一文字を9年とするところもあります。

2．限運と八字の対応

八字はそれぞれの分野で分けると、下記のようになります。

(1)年齢層で分けると、年柱は少年時代、月柱は青年時代、日柱は中年・壮年時代、時柱は老年時代です。
(2)六親で分けると、年柱は先祖・父母、月柱は父母・兄弟姉妹、日干は本人、日支は配偶者、時柱は子供です。
(3)宮位で分けると、年干は父宮、年支は母宮、月干支は兄弟宮、日干は命宮、日支は夫妻宮、時柱は子女宮です。
(4)身体で分けると、年柱は頭、月柱は胸、心臓、日柱は腰、腹、時柱は腿足です。

限運での推命方法は、大運と同じです。まず、命式全体から喜神・用神・忌神を決めます。次に、命式の七文字が、日干に対して、どんな六親関係なのかを見ます。喜神・用神の文字に該当する限運の年齢層は、吉と判断します。忌神の文字に該当する限運の年齢層は、凶と判断します。このように大雑把な吉凶を見極めてから、ようやく大運、流年と合わせて詳細に推命していきます。

年柱と月柱は少年時代と青年時代を司ります。年柱と月柱が喜神用神である場合は、生まれ育った家庭が良くて、若い頃、あまり苦労をしなかったか、もしくは、若くして事業で成功すると判断します。忌神の場合は、自分で努力して、両親や周囲からの助けはあまりなかったと考えます。日柱、時柱に喜神用神がある場合、中年と老後の人生が良くて、配偶者や子供が福運をもたらしてくれます。

第2節　限運の実例

前節では、盲派四柱推命における限運についての考え方を説明しました。本節は実際の例を用いながら、さらに説明してみます。

【例1】　男性（1954年6月22日寅時）

【分析】

1．命式を見ると、日干己土は通根月建午火と年支午火、強旺です。時干丙火は時支寅木に通根して生じ

	時	日	月	年
天干	丙	己	庚	甲
地支	寅	酉	午	午

られ、午火月に当令し、火の力はかなり強いので、忌神と判断します。命式に調候する水がまったくなくて、旺火を抑えることができないので、破格の四柱です。命式に火をコントールするものは金しかないので、金を用神とします。年干甲木と時支寅木は、火を生じて用神金を剋するので、木を讐神（仇神）とします。

2．年柱甲午は忌神と讐神の限運ですので、1~16歳は災いがあると判断します。時柱丙寅も忌神と讐神の限運ですので、49~64歳の限運も悪くて、災いがあると判断できます。

3．正官星の甲木を父親とします。甲木は坐午火で、甲木から十二運を見ると死になります。月干の庚金は甲木を冲剋します。時支寅木は甲木の禄神で、日支酉金に剋され、時干丙火に漏らされるので、甲木の根は、かなりダメージを受けています。つまり、父親は長生きできないということです。寅木は日柱から見て空亡ですので、父親は能力があまりなくて、ほとんど頼りにならないと読みます。

4．1~8歳の甲木限運は、甲木は透干して甲木は庚金と冲します。甲限運は寅木が発動して丙火を生じ、金を剋します。１９６４年甲辰年、甲木は再び透干します。この年に父親に関する災いが必ず発生します。辰土と酉金は支合金化して、金の力を増し、甲木を剋します。己巳月、日干己土と伏吟しながら発動して庚金を生じます。寅巳害で、甲木の禄神が破壊されました。さらに、己土は甲木と干合したので、父親は自殺しました。

5．庚午の限運は17~32歳、庚限運は17~24歳を司ります。庚金は用神ですので、この限運に吉のことがあると判断します。月柱は兄弟宮で、よく兄からの助けをもらいました。１９７６年丙辰年、22歳、辰酉合金です。乙亥月、午亥暗合、午火は忌神ですが、日干己土の禄神でもあります。亥水の財星（妻財）は己土の禄神午火と合し、流年辰土と夫妻宮である日支酉金が合したので、丙辰年乙亥月に結婚しました。

6．己酉の限運は33～48歳を司ります。午は己を蔵しているため、己限運は、二つの忌神午火を発動させます。午午自刑、33～40歳までは、仕事について、大変苦労をしました。酉金は用神です。酉金は傷官庚金を発動させ、年干の正官甲木を冲剋します。酉限に優良企業に就職しました。

7．丙寅限運は49～64歳を司り、再び忌神の限運に入ります。二つの午火が丙火に透干することにより発動します。年支は母宮で、日干から見ても丙火は印星（母）ですから、ここに動きが出ると母親に不利となります。午火は丙火の羊刃で、午午自刑で母親に災いがあります。

１９９４年癸酉年、十二運で見ると、酉金は丙火の死の状態です。流年酉金は日支酉金を発動させ、午火を破して、午火の羊刃の凶性を激発しました。癸亥月、流年と合わさって、水の力は一気に強くなりました。寅亥合で、癸水は強く丙火を剋して、母親は亡くなりました。１９９５年甲戌年、流年戌土と命式の午火、寅木と三合火局で、忌神の力はかなり強いです。甲木は年干甲木を発動させ、庚金を冲剋します。庚金には車の象があります。丙子月、寅午戌の三合を冲開して、丙火剋庚金、用神庚金はかなりダメージを受けました。丙子月、交通事故で本人は大怪我をして、足を骨折しました。

	天干	地支
年	丙	寅
月	癸	巳
日	辛	酉
時	癸	巳

【例2】マリリン・モンロー（1926年6月1日巳時生まれ／アメリカの女優）

【分析】

1．巳月生まれの日干辛金は、水で調候する必要があります。日干辛金は年干の正官丙火と干合、丙火は夫と見ます。丙火は月建巳火から透干しているので、この命式は正官格です。日支禄神酉金の左右に二つの七殺巳火があります。火の力があまりに強く、官殺が混雑しているので、火は忌神です。命式に印星がなくて、火を洩らすことができませんが、月干と時干の食神癸水が忌神の巳火を制することができるので、癸水を用神、酉金を喜神にします。ただし、癸水は地支に通根せず、日柱の辛酉に生じられても弱いので、官殺を効果的に制することはできないです。

2．年干の丙火から見て酉、日干の辛金から見て寅木は天乙貴人です。丙辛は干合、二つの巳火と酉金が半合する意味は、早熟で、若い頃から男性と密接な関係になりやすい人であったということです。また、正官星は透干し、月建巳火に通根していますので、関係を持つ男性は有力者だと考えられます。しかし、同時に二つの七殺巳火が酉金を挟んで剋していますので、男性から災いをもたらされる可能性が高いです。

3．盲派四柱推命では、命式に官殺が強く、印星が有効に化解できない場合は、生活にプレッシャーを感じて、苦労すると考えます。年柱は1～16歳を表し、丙寅は忌神限運ですので、若年期は大変苦労をしました（彼女は、性的虐待を受けた可能性があり、孤児院に預けられた期間がある）。

4．食神癸水坐七殺巳火で、日干辛金と年干丙火が干合する意味は、癸水の食神は「考えること、追求すること」ですので、坐巳火することで、早く恋愛もしくは結婚したいと判断できます。1942年（壬午年）16歳に結婚しました。太歳の午火は年干丙火を発動させ、日干と合しました。

5．官星は、女性にとって、夫もしくは愛人を表すほか、事業や功名に関することでもあります。月柱の癸巳限運は、癸水が透干して発動し、巳火を制するので、この限運で仕事や事業が大きな発展を遂げました。癸巳限運は17～32歳です。1947年（丁亥年／21歳）に『Dangerous Years』初出演しました。それからマリリン・モンローの時代が始まります。

6．日干辛限運は33～40歳です。辛金坐喜神酉金、酉金は禄神です。この限運で辛金が発動することによって、水金の力が強くなります。木火は死絶の状態になり、力が弱まり、癸水によって有効に制されたので、1962年（36歳）の春に、ゴールデングローブ賞の「ヘンリエッタ賞」（世界で最も愛された女優に贈られる賞）を受け、頂点に達したのです。ただし、辛金限運は大変良かったものの、同年8月に死亡しました。一見矛盾しているように思えますが、大運から見ると、1955～1964年は、第三の庚寅大運になります。1962年は壬寅年です。日支酉金から見ると、寅木は劫煞です。年支寅木から見ると、巳火は亡神煞です。寅木と巳火との組み合わせは、亡神劫煞の組み合わせになります。木火は忌神で、寅木と巳火は害の関係となり、亡神煞と劫煞の凶性をさらに強めました。以上のような分析から、1962年に大きな災いがあると判断できます。

寅木が発動すると、火を生じて、辛金を剋します。水は囚休で、旺火を剋することができなくなります。寅木と巳火の害は、月支と時支の巳火を発動させ、二つの巳火が酉金を挟んで剋します。酉金は禄神で、強く剋されると致命的なダメージになります。

【例3】 女性（1970年10月2日申時生まれ）

年	庚	戌
月	乙	酉
日	乙	卯
時	甲	申
	天干	地支

【分析】

1．年干庚金は、月支酉金と時支申金に通根し、金が極めて強いです。酉月ですので、木は囚休していますが、日干乙木は日支卯に通根し、月干乙木と時干甲木に助けられていますので強いです。したがって、この命式の中で、金と木が戦っています。水がなくて通関することもできません。

2．申酉戌三会金局で、日支卯木を冲します。卯木は日干乙木の禄神で、強く冲されると、日干乙木に大きなダメージを与えます。

3．月柱の乙酉限運は、乙木は透干して卯木を発動させ、酉金を冲して、金木の戦いは激化します。1989年（己巳年／19歳）、年支戌土から見て、巳火は亡神煞です。日支卯木から見て、時支申金は劫煞です。巳火と申金は刑合の関係で、亡神劫煞と組み合わさって必ず大きな災いがあります。巳酉半合金局で禄神卯木を冲して、卯木に致命的なダメージを与えました。この年、交通事故で亡くなりました。

【例4】 女性（1975年10月1日未時生まれ）

	年	月	日	時
天干	乙	乙	庚	癸
地支	卯	酉	辰	未

【分析】

1. 酉月生まれの日干庚金は、坐辰土で生じられているので、とても強いです。酉金は日干の羊刃です。命式に火がなくて、羊刃を制することができません。時干癸水は旺の金を洩らし、金木の戦いを通関してくれるので、水を用神とします。年干は父宮で、年干の財星乙木は父親とします。年干乙木坐卯木、卯木は乙木の禄神です。年柱乙卯と日柱庚辰は、庚金合剋乙木、辰土と卯木は害ですので、父親を剋する状態です。
2. 庚辰限運は、33～48歳です。庚限運（33～40歳）は、庚金が透干して合剋乙木、酉金を発動させ冲剋卯木、父親の禄神に大きなダメージを与えました。2010年8月、庚寅年甲申月（35歳）、金の力がさらに強くなって木を冲剋するので、この時期に父親は胃がんの手術をしました。

【例5】 男性（1936年7月17日酉時生まれ）

	年	月	日	時
天干	丙	乙	庚	乙
地支	子	未	子	酉

【分析】

1. 月干の正財乙木は日干庚金と干合するので、妻とします。乙木通根月支未土、未土は木庫で、年支と日支の子水に挟まれて害となるので、妻は剋されています。
2. 月柱乙未限運は17～32歳です。未土が発動して妻宮の日支子水を害します。乙木が透干して庚金と干合しますが、子未害によって結婚できません。１９６６年丙午年、午火は未土と支合で、子未害が解除され、この年、無事、結婚できました。

3．時柱は49～ら64歳です。時柱乙酉限運では、乙木が発動し、木庫未土を発動させ、子水を害します。子水は乙木の原神ですので、妻の原神に大きなダメージを与えます。１９８８年（戊辰年／52歳）、辰土と時支酉金が支合金化して、乙木を剋します。この年、妻が死亡しました。

4．盲派四柱推命の象法では、月干と時干の乙木は、二人の妻を表します。時柱限運の期間に再婚すると考えられます。１９８９年己巳年、己土は月支未土を発動させ、巳火は酉金と半合して、時干乙木に対する酉金の剋が解消され、再婚しました。

第3節　大運・流年総論

1．大運とは何か

大運とは、命式を基礎にして、一生涯の運命の変化を推計する技法であり、また、命式と流年をつなぐかけ橋のような役割だと考えることもできます。大運は十年を一周期として、十年間の健康、財運、事業、感情、六親などの状況の変化を占うことができます。

中国のことわざに、「十年河東、十年河西」（黄河はよく川筋が変わるため、もともと川の東側だった場所が十年もすると西側に変わっていたりすることから、世の中の盛衰は常に移ろいやすく、良い時と悪い時があるという意味）は、このことを指します。例えば、ある大運は非常に良くて、何をしてもうまくいきます。次の大運に変わると、一気に低迷の運勢に入ります。大運を分析することで運命の変化が把握できれば、運勢が旺盛の時にその勢いに乗って努力し、半分の労力で倍の成果を上げることができます。低迷期に入ると努力しても大した効果が出ないので、気を長く持って、なるべく現状維持に努めながら、勉強や何かの技能を身につけて、チャンスが来るのを待つと良いのです。

大運は、月柱に基づいて計算します。月支は月令《げつれい》と言いますが、大運は月令の五行の展開です。例えば、卯大運では、卯木は当令で、五行の状態は、木旺、火相、土死、金囚、水休の状態となります。辰大運なら、土旺、金相、水死、木囚、火休です。

また、大運の干支について、伝統派四柱推命では、天干は前半の五年、地支は後半の五年と分けて考えることがあります。盲派四柱推命では、十年間を通して天干と地支共に影響すると考え、前半五年間は天干が七〇％、地支が三〇％、後半五年間は天干が三〇％、地支は七〇％とします。

易学では、「吉凶は動くところに現れる」という言葉があります。静止しているものには吉凶が発生しません。命式は静止していますが、大運と流年が、命式の八字を発動させることにより、吉凶が発生します。

2. 大運の算出方法

大運の算出方法は、伝統派四柱推命と盲派四柱推命とも基本的には同じです。違う点としては、盲派四柱推命は、大運が切り替わる年月日時まで計算できることです。ご存じのとおり、大運が変わるタイミング（接木）は非常に重要です。

揺鞭派の風水には、大運が変わるタイミングに行う秘伝の改運法があり、実際、効果があります。特に、次の大運が、歳運並臨（大運と流年の干支が同じになる）、傷官見官（命式に傷官があり、太歳や流年に官星がくる）、梟神奪食（命式に食神があり、大運や流年に偏印が巡る）などのような、命に係わる大凶の大運が巡ってくる場合、とても役に立ちます。

大運が変わる日時は、自宅で安静にして、自分と刑、冲、害、破する人と会わないようにします。または、お見舞い、葬式に絶対に参加してはいけません。大運交替の日時はとても重要ですので、計算方法を紹介しますので、読者の皆様には今後の改運に役に立てていただきたいと思っています。

大運の起運は、陽年干と陰年干に分けて計算します。陽年干は、甲、丙、戊、庚、壬です。陰年干は乙、丁、己、辛、癸です。陽年干の男性と陰年干の女性は、生まれ日（子刻～亥刻）から、「次の節気」（節気表参照）の日までの日数と時刻を数えます。数えた日数を3で割ります。余りがなければ、割ることで得た数を起運年齢とします。

例えば、12日の場合は、12÷3＝4ですので、4歳の生まれ月から起運します。余りがあれば、1日は4か月、1時刻は10日、1時間は5日の計算で具体的な起運日を計算します。例えば、8÷3＝2で、余りが2で、2日＝8か月ですので、2歳8か月から起運し、大運の配列は順回りで数えていきます。

陰の年干の男性と陽の年干の女性は、生まれた日から遡って「直前の節気」の日まで数えます。あとの計算は前述と同じです。起運年数を決めてから、大運の配列は逆回りで数えていきます。

【例1】　男性（1942年4月22日午時生まれ）

	天干	地支
年	壬	午
月	甲	辰
日	乙	巳
時	壬	午

(1)陽年生まれの男性ですので、生まれ日は次の節気まで数えます。暦で調べると、次の節気は立夏で5月6日午時です。生まれ日の4月22日未時から5月6日午時まで数えて、合計14日です。14÷3＝4で余り2ですので4歳8か月から起運します。一般的には、四捨五入して、5歳から起運します。

(2)次に一生の大運を並べていきます。陽年生まれの男性ですので、生まれた月から順回りに数えていきます。生まれ月は甲辰ですので、第一大運は乙巳から始まります。

節気表

月	子月	丑月	寅月	卯月	辰月	巳月	午月	未月	申月	酉月	戌月	亥月
節気	大雪	小寒	立春	啓蟄	清明	立夏	芒種	小暑	立秋	白露	寒露	立冬

第一大運：乙巳大運（05～14歳、１９４６～１９５５年）
第二大運：丙午大運（15～24歳、１９５６～１９６５年）
第三大運：丁未大運（25～34歳、１９６６～１９７５年）
第四大運：戊申大運（35～44歳、１９７６～１９８５年）
第五大運：己酉大運（45～54歳、１９８６～１９９５年）
第六大運：庚戌大運（55～64歳、１９９６～２００５年）
第七大運：辛亥大運（65～74歳、２００６～２０１５年）
第八大運：壬子大運（75～84歳、２０１６～２０２５年）

【例２】　女性（１９９０年８月24日寅時生まれ）

	天干	地支
年	庚	午
月	甲	申
日	辛	酉
時	庚	寅

⑴陰年生まれの女性ですので、生まれ日の直前の節気まで遡って数えていきます。８月24日の直前の節気は立秋で８月８日です。生まれ日の８月24日卯時から８月８日丑時まで数えて、合計16日です。16÷３＝５で余り１ですので、５歳４か月から起運します。四捨五入して、５歳から起運します。

⑵次に一生の大運を並べていきます。陽年生まれの女性ですので、生まれ月から逆回りで数えていきます。生まれ月は甲申ですので、第一大運は癸未から始まります。

第一大運：癸未大運（05～14歳、１９９５～２００４年）

第二大運：壬午大運（15～24歳、２００５～２０１４年）
第三大運：辛巳大運（25～34歳、２０１５～２０２４年）
第四大運：庚辰大運（35～44歳、２０２５～２０３４年）
第五大運：己卯大運（45～54歳、２０３５～２０４４年）
第六大運：戊寅大運（55～64歳、２０４５～２０５４年）
第七大運：丁丑大運（65～74歳、２０５５～２０６４年）
第八大運：丙子大運（75～84歳、２０６５～２０７４年）

伝統派四柱推命では、大運交替の日時まで計算することはありませんので、それに対する改運法もあまり聞きません。

盲派四柱推命における大運交替の日時の計算は、男女共通で、年柱納音で決まります。

水命人：生まれ年の干支の納音が「水」の人は、冬至の日の三日前の亥刻から起運します。
火命人：生まれ年の干支の納音が「火」の人は、清明の日の三日前の午刻から起運します。
木命人：生まれ年の干支の納音が「木」の人は、大寒当日の寅刻から起運します。
金命人：生まれ年の干支の納音が「金」の人は、処暑当日の申刻から起運します。
土命人：生まれ年の干支の納音が「土」の人は、芒種の日の九日後の辰刻から起運します。

【例１】男性（１９４２年４月22日午時生まれ）

	天干	地支
年	壬	午
月	甲	辰
日	乙	巳
時	壬	午

⑴壬午の納音は楊柳木で、木命人です。木命人は大寒当日の寅刻から起運しますので、丙戌年（１９４６年立春～１９４７年立春前）から大運が始まります。丙戌年の大寒は１９４７年１月21日ですので、最初の乙巳大運は、１９４７年１月21日の３～５時から始まると考えます。

⑵第二の丙午大運は１９５６年からです。１９５６年の大寒は、１９５７年１月20日ですので、つまり、この人の第二大運は、１９５７年１月20日３～５時から始まります。

【例２】女性（１９９０年８月24日寅時生まれ）

	天干	地支
年	庚	午
月	甲	申
日	辛	酉
時	庚	寅

⑴庚午の納音は路傍土です。土命人は芒種の日の九日後の辰刻から起運しますので、１９９５年（乙亥年）からとなります。１９９５年の芒種は１９９５年６月６日です。芒種の九日後は、６月15日です（シンプルに、６日＋９日＝15日です。６月６日が芒種当日で、次の日６月７日を１日目として、９日数えると15日になります）。最初の癸未大運は、１９９５年６月15日７～９時から始まります。

⑵第二の壬午大運は２００５年（乙酉年）です。２００５年の芒種は６月５日で、芒種の九日後は６月14日です。つまり、第二大運は、２００５年６月14日７～９時から始まります。

3. 命式、大運と流年との関係

命式は、生まれたときの年月日時の干支です。大運は、生まれ月に基づいて計算された十年間単位の運勢です。毎年の干支を流年といいます。この三つの関係性について、筆者の師匠である秦倫《しんりん》詩《し》先生は、著書『八字応用経験学』に、こう書いています。

「命式は車、大運は車道、流年は運転手である。良い命式を性能の高い高級車、良くない命式を性能が低い、もしくは排気量の小さい車と考えると良い。上手な運転手が高級車を運転し、整備された道路を走れば、安定して、速く走ることができ、車も長持ちできる。逆に、どんなに良い車であっても、でこぼこの道を走れば、スピードは出せないし、車も壊れやすくなる。道路が良くても、車の性能が良くなければ、速く走れない。車の性能が悪く、しかも、常に悪い道路を走っていれば、車は早くダメになるだろう。

生まれた時の時間と空間が干支に変換され、その四柱八字に運命が表現される。命式は先天の生命の情報を表し、『命』という。そして、生まれてから、決まった軌道に沿って前へ進んでいくが、この軌跡を『運』という。生命の運動は時空五行の変化に影響される。この時空五行の変化は、毎年の干支に表現され、これを流年という。流年は、その一年間に対し、絶対の権威を持つ。大運は十年間の吉凶を統括する。つまり、流年と大運は二通りの五行の力である。命式は固定して変化はない。流年と大運は常に運動しながら変化していく」

第7章

納音五行

第1節　納音五行概論

1．納音五行とは

納音五行《なっちんごぎょう》は、納音、六十甲子納音とも呼ばれています。納は、帰納、入る、取るの意味で、音は音声、音楽の意味です。伝説によれば、鬼谷子《きこくし》（縦横家の始祖、中国春秋戦国時代の思想家、兵家、陰陽家。老子、孔子と同等の地位を有する人）が発明し、漢の時代の東方朔（第1章第1節参照）によって確立しました。

納音五行とは、陰陽と五行の理に基づいて、天干地支、古代音楽と暦法の理論と結びつき作り上げられた学問体系で、易学の「象」と「数」に深く関連する重要な技法です。一つの天干と一つの地支の組み合わせによって、新しい五行になります。

例えば、甲子の場合、単独で見ると、甲は木、子は水です。しかし、甲子の組み合わせになると、納音五行は海中金になります。納音五行は、四柱推命だけではなく、紫微斗数、奇門遁甲、大六壬、風水学など、ほとんどの易学の術法に応用されています。揺鞭派風水では、風水をレイアウトする際、よく納音を用います。ただし、納音五行の応用は、それぞれの流派において、秘伝として固く保護されているため、易学研究者の多くは納音の真義に手が届かず、結局、諦めてしまいます。本書においても、納音五行の応用技法を公開することはできないのですが、納音の理論と意義について可能な限り、説明しようと思います。

納音の成立は、暦法、音律、納甲《なっこう》法[7]と大衍《だいえん》の数[8]などと関係があると考えられています。古代中国の暦法は、太陰太陽暦で、干支で年を計算します。甲子、乙丑から壬戌、癸亥まで、合計60年で、一甲子といいます。一年は一つの天干と一つの地支の組み合わせで表します。六十甲子それぞれに木、火、土、金、水の五行が配当され、六十納音となります。天干は天を代表し、地支は地を代表し、音は人を代表します。二組の干支は一つの納音五行と対応するので、全部で30組の納音になります。納音五行は、下の表になります。

7　納甲法：前漢（紀元前２０６年～紀元８年）の易学者である京房《けいぼう》（紀元前77～紀元前37年）が創立した占法です。十天干を八卦に帰納して、五行と方位と合わせて使う方法です。

8　大衍の数：易経の中で、天地の数を用いて占いをしたり、天地万物の変化を推演したりする方法です。

六十甲子納音五行表

干支	納音	干支	納音	干支	納音
甲子、乙丑	海中金	甲申、乙酉	井泉水	甲辰、乙巳	覆灯火
丙寅、丁卯	炉中火	丙戌、丁亥	屋上土	丙午、丁未	天河水
戊辰、己巳	大林木	戊子、己丑	霹靂火	戊申、己酉	大駅土
庚午、辛未	路傍土	庚寅、辛卯	松柏木	庚戌、辛亥	釵釧金
壬申、癸酉	剱鋒金	壬辰、癸巳	長流水	壬子、癸丑	桑柘木
甲戌、乙亥	山頭火	甲午、乙未	沙中金	甲寅、乙卯	大溪水
丙子、丁丑	澗下水	丙申、丁酉	山下火	丙辰、丁巳	沙中土
戊寅、己卯	城頭土	戊戌、己亥	平地木	戊午、己未	天上火
庚辰、辛巳	白蝋金	庚子、辛丑	壁上土	庚申、辛酉	柘榴木
壬午、癸未	楊柳木	壬寅、癸卯	金箔金	壬戌、癸亥	大海水

2. 納音五行の作用

1. 四柱推命では、火命人、木命人といった言い方をしますが、それは納音五行によって決めます。例えば、癸巳は長流水ですので、癸巳年生まれの人は水命人といいます。
2. 納音五行は性格を判断するのにとても便利です。特に、納音五行をさらに十二段階に分けて性格と人生を推命する方法は、非常に的中率が高く、盲派四柱推命の必殺技の一つとなっています。
3. 六親関係を判断する際にも役立ちます。例えば、癸巳年生まれの人は、水命人です。父親が戊辰年生まれで、木命人です。水生木ですので、親を大事にし、親孝行すると判断できます。
4. 結婚相手との相性を見る場合にも、よく使用します。

第2節　納音五行を素早く算出する密法

昔、盲派四柱推命の先生は、弟子に、まず30組の納音五行をしっかり暗記するよう要求しました。しかし、納音五行を暗記するのはかなり大変ですので、昔の先生方は、左手で納音五行を素早く算出する方法を考案し、それぞれの流派において、風水や四柱推命などをする際に秘技として使用されてきました。ただし、この方法は、干支の納音五行を算出するだけで、納音の名前までは出せません。読者の皆様が少しでも納音五行を覚えやすいようにと、ここで公開します。

1. 下図のように、十干と応対する五行の位置を覚えてください。
2. 干支の納音五行を調べる場合は、まず調べたい天干を下図で該当する位置を見つけて、その位置から「子丑」「寅卯」「辰巳」「午未」「申酉」「戌亥」と、二つの十二支を組にして、時計回りで数えていきます。
3. 三回数えたら、最初の場所に戻り、調べたい地支まで数えます。調べたい地支が入る場所の五行が求めたい干支の納音五行です。

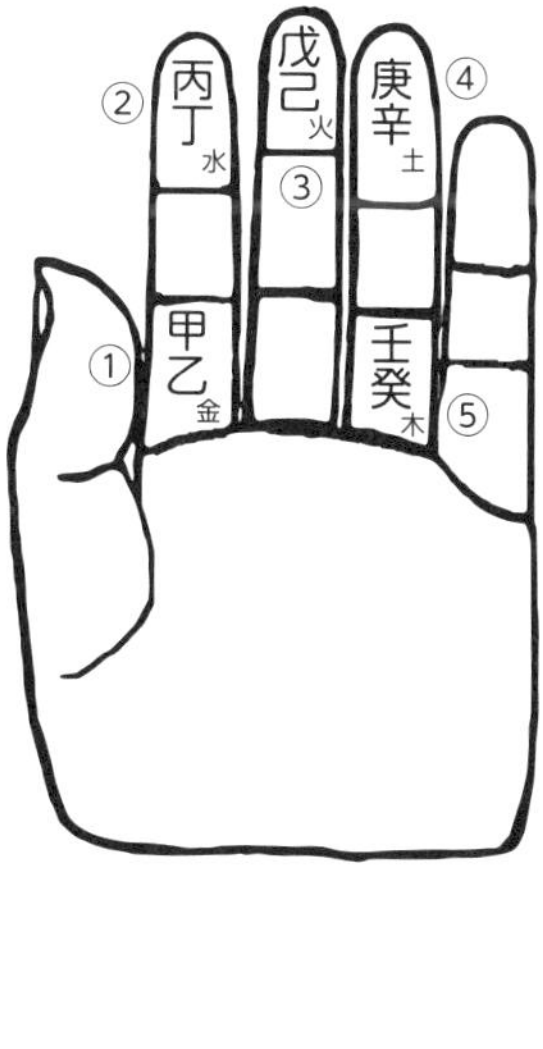

【例1】　乙亥の納音五行を数えます。

1. 天干の乙は①ですから、①を「子丑」として、時計回りで数えていきます。②が寅卯、③が辰巳です。
2. 次の「午未」を④にするのではなく、①②③と三回数えましたので、①に戻って、①が午未となります。②が申酉、③が戌亥です。③の五行が火ですので、乙亥の納音五行は火です。

【例2】　己酉の納音五行を数えます。

1. 天干の己は③ですから、③を「子丑」として、時計回りで数えていきます。④が寅卯、⑤が辰巳です。
2. 次の「午未」を①にするのではなく、③④⑤と三回数えましたので、③に戻って、③が午未となります。④が申酉で、④の五行は土ですので、己酉の納音五行は土です。

第3節　納音五行の意義

納音五行には、それぞれ深い意味があります。これまで、たくさんの研究者が納音五行について、それぞれの解釈を重ねてきましたが、易理に近い解釈もあれば、あまりにかけ離れた、おかしな解釈もあります。

筆者の師匠である秦倫詩先生と劉文元先生は、多くの古典を調べ、長年の経験を重ねた上で、それぞれ独自の解釈を完成されました。この二人の先生の解釈はどちらも易理に根づいたものです。今回、一つの理論にまとめて、ここで公開します。これにより、四柱推命の研究者、納音の研究者が無駄な回り道をしなくて済むようになれば幸いです。

以下の解説はあくまで一般論ですので、実際に納音五行で推命する際には、命式四柱のどこに位置するか、五行の強弱なども当然深く影響してきますので、緻密に判断していく必要があります（以下、生まれ年の干支を納音五行の視点から論じます）。

1．甲子・乙丑／海中金《かいちゅうきん》：子は水、丑は土。甲子年は1924年、1984年です。乙丑年は1925年、1985年です。この四つの年に生まれた人は金命人です。金命人はまず名誉を重視し、仁義的な性格を持ち、情が深く、多くが真面目です。ただし、金が忌神の場合は、頑固で独りよがりになりがちで、傲慢な性格となります。海中金の人は、才能が高く、プライドも高いが、不遇な人生になる場合が多く、才能があっても埋没して、出世しにくいです。甲子年生まれは、学問研究や芸術に関する仕事に従事すれば、成果を上げることができます。乙丑生まれは性格が内向的で、何事をするにも円満にまとめようとするので、疲れる傾向があります。

2. 丙寅・丁卯／炉中火《ろちゅうか》：丙寅年は1926年、1986年です。丁卯年は1927年、1987年です。

この四つの年に生まれた人は火命人といい、情熱的で、熱心で他人を助けたりする性格です。とても聡明で礼儀正しく、他者を尊重します。せっかちですが、素直です。何かがあっても心に隠さず、ストレートに話をします。寅と卯共に木で、炉の中で燃やされて灰になってしまいます。炉中火の人は、自分の利益をあまり気にせず、有意義なことと思えば、大損するとわかっても、「私がやらなきゃ、誰がやる！」と決心して突っ込むような勇気があります。したがって、炉中火の人と結婚すると、家族の利益を損なっても他者を益するような事態がしばしば発生する可能性があります。丙寅年生まれは、徳が高く、人望があり、性格は明るく、命式に刑冲剋害がなければ、健康で長生きできます。丁卯年生まれは、道半ばで、やりっ放しにする性格で、物事を成し遂げないことが多いです。

3. 戊辰・己巳／大林木《だいりんぼく》：戊辰年は1928年、1988年です。己巳年は1929年、1989年です。

木命人は心が優しく、広く、穏やかな性格です。ただし、命式に木が強すぎると、負けず嫌いで、意地っ張りな性格となります。大林木は、森林の大きな木で、真っ直ぐに成長します。優しくて友達が多く、才能があり、社会のリーダーになれるような素晴らしい人材ではありますが、あまり目立たないかもしれません。落ち着いた、安定した生活を好み、いったん定着すると、そこから動かない・変わらないところがあります。才能があっても、冒険やチャレンジを好まないため、目立った活躍をすることは少ないかもしれません。戊辰年生まれは、プライドが高く、進取の気性があります。疑り深いのが欠点です。己巳年生まれは、同情心が強く、常に他者を助けようとします。また、嫉妬心が強いです。

4．庚午・辛未／路傍土《ろぼうど》：庚午年は１９３０年、１９９０年です。辛未年は１９３１年、１９９１年です。土命人は最も信用できます。言行一致の人で、基本的に、約束を破ることがありません。心が広く、実直です。ただし、命式の中に土が強すぎると、臆病で、「ことなかれ」主義です。前節でお話したように、納音が登場したのは春秋戦国時代です。当時、道路が少なく、人や馬が通りやすいように、土地を開鑿して平らにして道路を整備していきました。このように人工的に作った道路を駅道《えきどう》といいます。駅道という単語は中国ではすでに失われてしまっていますが、日本語には駅道という形で残っているようです。駅道を開鑿していく際、掘った土を道路の両側に高く積み上げていきますが、この道の両側にある土を路傍土と呼びます。これがあると、夜、駅道を通る人や馬が道を外れることがありません。路傍土とは、人や馬を守るためのものでした。したがって、路傍土の人は、責任感が強く、与えられた仕事を着実に行う性格です。また、どんなに退屈で、つまらない仕事であっても、人に役に立つことであれば、喜んで引き受けるところがあります。庚午年生まれは、好奇心が強く、他人に対する同情心があり、義理堅い性格です。辛未年生まれは、謙虚で、他人をあてにしない、実務的な思考の持ち主で、事業を成功させやすいでしょう。

5．壬申・癸酉／釼鋒金《じんぼうきん》：釼鋒金、海中金共に金命人ですから似ているところもありますが、同じ金でも随分違うものです。壬申年は１９３２年、１９９２年です。癸酉年は１９３３年、１９９３年です。

釵鋒金、中国では剣鋒金《けんほうきん》といいます。剣は、武器の一種で、日本刀と違って、両方に刃がついていて、かなり鋭利です。剣は自分を守り、敵を傷つけるので、殺伐とした性格と言えます。海中金の人は、自分の才能をできるだけ隠そうとするのに対し、釵鋒金の人は義侠心が強く、常に自分の強さ、自分の才能を隠さずに周りに見せようとし、正義を重んじ、自分の身を削っても弱いものを助けたりするところがあります。せっかちで、他人を傷つける一方、自分も挫折、怪我しやすい面があります。釵鋒金の人は、命式に亡神、羊刃などの神煞があれば、軍人や警察、反社会勢力などになりやすいです。壬申年生まれの人は、敦厚で、多くが聡明、品性が良くて富貴です。ただし、頑固で融通が利かない時がありま す。癸酉年生まれは、個性が強く、プライドも高いです。わがままで感情的です。行動派で、裕福な人が多いです。

6．甲戌・乙亥／山頭火《さんとうか》：

甲戌年は１９３４年、１９９４年です。乙亥年は１９３５年、１９９５年です。山頭火は烽火（のろしの火）です。古代中国では、敵の状況を伝える役割がありました。烽火を着けると、遠くからでも見えます。火が燃えて、とてもきれいですから、山頭火の人は多くがきれいで、周りからの注目を集めやすいです。芸能人、政治家のような有名人が多いです。甲戌年生まれは、素直で、貯蓄することが得意です。ただし、心が少し狭いです。時々落ち込んだり、落ち着かなくなったりします。また、時々ぼんやりします。乙亥年生まれは、生まれつき運命が良く、窮地に陥っても、助けられることがあります。九死に一生を得るというのは乙亥年生まれのことです。

7．丙子・丁丑／澗下水《かんかすい》：

丙子年は１９３６年、１９９６年です。丁丑年は１９３７年、１９９７年です。水命人は敏活で、とても聡明です。臨機応変に対応する能力が高く、智謀に長け、口が巧く、雄弁の才能があります。命式に水が強すぎる場合は、ずる賢く、不真面目で、不実な振舞いをする性格かもしれません。澗下水は、山中の滝です。滝の水は、高いところから落下するので、澗下水の人は多くが波乱万丈な人生を送ります。運勢に落差があるので、澗下水の人を推命するときは、大運や限運の流れをよく見て判断したほうが良いです。悪い運勢に入る前に、早めに相談があれば、改運できるかもしれません。新しい大運に入ってしまってからでは、改運も難しくなります。悪い大運に入る前が鍵です。丙子年生まれは、行動派で、思ったことをすぐに行動に移すタイプです。個性が強く、ちょっとわがままです。丁丑年生まれは、敦厚で、進取の気性があります。ただし、疑り深い面もあります。

8. 戊寅・己卯／城頭土《じょうとうど》：戊寅年は1938年、1998年です。己卯年は1939年、1999年です。基本的に、土命人は、心が広く、誠実です。城頭土の人は、プライドが高く、自分の家族や親友を固く見守る気持ちが強いです。偉い方と接する機会が多くなりやすいものの、相手の気に入るように調子を合わせることはしません。頑固で融通が利かない性格ですので、才能があっても偉くなるのは困難です。戊寅年生まれは、他者を助けることが好きで、ロマンチックで、ゆっくりとした生活を好みます。ただし、嫉妬心が強いです。己卯年生まれは、とても聡明で、性格が温順です。学問や研究、芸術に関する仕事に向いています。

9. 庚辰・辛巳／白蝋金《はくろうきん》：庚辰年は1940年、2000年です。辛巳年は、1941年、2001年です。蝋燭は、古代中国では重要な祭祀に使用する照明器具です。特に、白い蝋燭は、一般的に祭祀に使われるので、高貴・高級・神様・偉い人といったイメージです。白蝋金とは、白い蝋燭の外に巻く金箔であり、さらに高級感を増します。五行の金は白ですから、白い蝋燭は金のイメージです。蝋燭は自分を燃やして、周りを明るくする性質があるので、白蠟金の人は、仁義を大切にし、身内・仲間のために身を尽くす性格です。プライドも高く、面子を大事にします。せっかちで、ちょっとのことでも、すぐに興奮しますが、冷めるのも早いです。家族や身内に対して厳しいが、外面はとてもやさしいです。剛直で、さっぱりとした性格です。見栄っ張りなところがあります。庚辰年生まれは、完璧主義で、細かいところまで気にするところがあります。何をするときでも、自分のことより他人のことを優先して考えるので、高い評価を受けます。実務的で事業で成功しやすいでしょう。辛巳年生まれは、楽観的で努力家です。能力が高く、人望があります。ただし、巳火は十二支の中で、最も不安定で、性質が変わりやすいです。命式に金が多い場合は、巳火は金に変わります。命式に火が強い場合は、巳火は火の性質を発揮します。つまり、四柱推命では、巳年生まれをカメレオンといい、性格や情緒が変化しやすいと考えます。

10．壬午・癸未／楊柳木《ようりゅうぼく》

：壬午年は1942年、2002年です。癸未年は1943年、2003年です。楊柳木は、楊木と柳木の二種類の木です。楊木と柳木共に成長が早く、耐久性があります。枝は柔らかくて、美しく、風が吹けば揺れます。ですから、楊柳木の人は、柔軟性があって忍耐強いです。優しく、慈善心があります。気が弱くて、同情心が強いです。ただし、ちょっと気に入らないことに出くわすと、すぐに嫌な顔をします。他人の言葉に左右されやすく、しっかりとした自分の意見を持ちません。また、楊柳木命の人は、過敏で、感傷的になりやすいです。芸術や文芸に向いています。壬午年生まれは、人当たりが柔らかく、柔軟性があります。性格は温厚で、気配りがあります。芸術に関する仕事に従事すれば、成功しやすいです。癸未年生まれは、性格はちょっと極端で、内向的です。無口で人と接することが苦手です。

11. 甲申・乙酉／井泉水《せいせんすい》：甲申年は１９４４年、２００４年です。乙酉年は１９４５年、２００５年です。泉の水は澄みきっていて底まで見えるほどきれいです。泉の水は冷たくて甘く、飲むと大変気持ちが良いものです。ゆえに、井泉水の人は、私心がなく、他人に尽くす性格です。ただし、中国のことわざに、「水至清則無魚、人至察則無徒（水があまりにきれいだと魚が棲めない。人はあまりに清廉すぎるとかえって他人から敬遠され孤立してしまう）」（『大戴礼記・子張問入官篇』[9]）というものがあります。井泉水年命の人は、まさにそのとおりになりやすいです。甲申年生まれは、多くは品格が高く、人望があります。能力が高く、楽観的・積極的に行動するタイプです。乙酉年生まれは、何かをする時、三日坊主で、途中で止めることが多いです。怠ける性格から、成功しにくいかもしれません。また、井泉水の人は、聡明で、プライドが高いです。ちょっと極端な面があるので、人間関係は簡単ではありません。

12. 丙戌・丁亥／屋上土《おくじょうど》：丙戌年は１９４６年、２００６年です。丁亥年は１９４７年、２００７年です。屋上土は、屋根を作る瓦です。瓦は土と水を混ぜて形成し、高温で焼くので、かなり硬く丈夫です。古代中国の建物に使う瓦は雨や風を防ぐだけでなく、邪気除けや装飾する意味もありましたので、とてもきれいで高級感があります。屋上土年命の人は、誠実で忠誠心があり、家族や国を固く守るような性格です。おしゃれでプライドが高いです。短所は、頑固で融通が利かないところです。丙戌年生まれは、

9 大戴礼記《だたいらいき》：前漢中期の儒者・戴徳の著作。中国早期の儒教関連の論文集である。

先を予測する能力があり、行動派です。世渡り上手で、人間関係がうまくいきやすいです。丁亥年生まれは、敦厚で聡明、正直で立派な人が多いです。ただし、やや頑固で融通が利かないかもしれません。

13. 戊子・己丑／霹靂火《へきれきか》：戊子年は１９４８年、２００８年です。己丑年は１９４９年、２００９年です。霹靂火は、雷と稲妻です。霹靂火年命の人は、まさに雷と稲妻のイメージどおり、短気で怒りっぽく、声が大きく、迫力があります。気が強くて誰にも負けない気持ちが強いです。ただし、よく怒るので、周りの人に怖い印象を与えます。戊子年生まれは、情熱的で、熱心に人助けをする義侠心のある人です。好奇心が旺盛で、新しいことに挑戦したりします。己丑年生まれは、何事をするときも、円満を心がけます。ほとんど自分で努力して物事を成し遂げてしまうような実務的な人が多いです。

14. 庚寅・辛卯／松柏木《しょうはくぼく》：庚寅年は１９５０年、２０１０年です。辛卯年は１９５１年、２０１１年です。松柏木とは、高くて大きい喬木のことで、極寒地区に育ちます。常緑樹ですので、旺盛な生命力を持っています。幹が強く、悪い環境の中でも、まっすぐに伸びていきます。松柏木年命の人は、生まれつき聡明で、多くが敦厚です。富貴で、長生きできます。ただし、庚寅年生まれは、ちょっと頑固です。剛直で、他者におもねるようなことがないので、世渡りが下手です。辛卯年生まれは、個性が強く、プライドが高く、行動派で能力も高いです。結果、裕福になる人が多いです。

15. 壬辰・癸巳／長流水《ちょうりゅうすい》：壬辰年は１９５２年、２０１２年です。癸巳年は１９５３年、２０１３年です。長流水とは、止むことなく流れてくる川の水の意味です。風水では、「山管人丁水管財（山は家庭の人口の繁盛をコントロールし、水は家庭の財運をコントロールする）」という言葉があります。長流水の人は、儲けることが得意ですが、出費も多いです。また、流動の水は活水ですので、活発な性格を持ち、ゆっくりできず、常に行動していく傾向があり、苦労性です。壬辰年生まれは、内向的で、人と接することが苦手です。素朴で、完璧を求めます。心をオープンにして人と接するよう心がければ、物事がうまくいきやすくなるでしょう。癸巳年生まれは、生まれつき好運を持っています。苦境に陥っても何かのキッカケで好転します。ただし、性格がやや冷たく、考えが浅いところが短所です。

16. 甲午・乙未／沙中金《さちゅうきん》：甲午年は１９５４年、２０１４年です。乙未年は１９５５年、２０１５年です。沙中金は、砂金のことです。大量の砂の中に、わずかな金が隠れていて、貴重であり、なかなか発見されない存在です。沙中金年命の人は、プライドが高く、能力も高いのですが、見出されることがなく、出世しにくいです。そのため、一生自分の才能を評価されず、無名で過ごすことが多いです。甲午年生まれは、能力は高いのですが、不遇なので、だんだんと人生をあきらめて、怠けものになって、人によっては酒色に溺れてしまうことがあります。乙未年生まれは、表向きは柔らかいのですが、心の中に芯が強くあって、自分の信念を曲げることがありません。人間関係は、うまくやっていくほうです。

17. 丙申・丁酉／山下火《さんげか》：丙申年は１９５６年、２０１６年です。丁酉年は１９５７年、２０１７年です。火は炎上する性格です。山の麓に燃えた火は、山の上に沿って燃えていきます。小さな花火でも山火事に発展し、焼き尽くすことがあります。山下火年命の人は、あまり目立つことはないのですが、少しずつ周りの人を感化し、最後には広範囲に影響力を持つようになります。丙申年生まれは、情熱的で、何かをする際、節度をわきまえていて、行きすぎないようにします。思いやりがあって、よく人助けをしたりします。ただし、嫉妬心が強いです。丁酉年生まれは、聡明で、性格は温厚であり、思いやりがあります。学問や研究の分野、芸術方面に向いています。

18．戊戌・己亥／平地木《へいちぼく》：戊戌年は１９５８年、２０１８年です。己亥年は１９５９年、２０１９年です。平地木とは、平の土地に植えている防風林のようなものです。平地木はまっすぐ高く伸びる木で、住宅の大黒柱に使えます。平地木年命の人は、能力が高く、国や会社にとって大事な人材となります。仁慈的で、誠信があり、強い責任感と使命感も持ち合わせているので、役に立つ人材です。ただし、平地木の周りには自分と似たような人材が集まりやすいので、突出して偉くなるというのが少々困難です。戊戌年生まれは、気配りができて、目上の人も、目下の人も、平等に大事にするので、周りからの評判がとても良いです。実務的で、成功しやすいです。己亥年生まれは、道理をわきまえて、筋が通ることをします。人望が厚く、尊敬される存在になりやすいです。何か事を為すときは、迅速に、うまくやります。性格は明るく、常に努力するタイプなので、成功しやすいです。

19．庚子・辛丑／壁上土《へきじょうど》：庚子年は１９６０年、２０２０年です。辛丑年は１９６１年、２０２１年です。壁上土は、城や寺院の壁の土です。壁を装飾する役割があるほか、保護する効用もあります。したがって、壁上土の人は、「しっかりと付着する」性格があり、家族や大事な人を固く守ろうとします。表は優しいですが、心の中にはとても強いものがあります。せっかちで、時折、人間関係がうまくいきません。庚子年生まれは、個性が強く、プライドが高いです。行動派で能力があります。おしゃれで、周りに良い印象を与えます。短所は、無情で心が冷たいことです。辛丑年生まれは、敦厚で優しいのですが、プライドが高いです。短所は、積極性が足りない面や、疑り深い性格があり、結果、マイナス思考になりがちです。

20．壬寅・癸卯／金箔金《きんぱくきん》：壬寅年は１９６２年、２０２２年です。癸卯年は１９６３年、２０２３年です。金箔金は、二重の金で、金の性質が極めて強いです。金箔とは、金属や他の素材で作った物の外面に巻く金箔で、豪華で高級感があり、きれいに装飾する役割があります。したがって、金箔金命の人は、強靭で辛抱強く、決断力があり、殺伐とした面があります。完璧を求めます。短所は、見栄っ張りで、お金がなくても常におしゃれなどして自分をよく見せようとします。壬寅年生まれは、性格が少し暗くて、集中力が足りないです。時折、思慮が浅くて、軽率です。癸卯年生まれは、仁義的で義侠心があります。正義感が強く、情熱的で、人助けをします。人気があります。ただし、三日坊主で、物事を途中で投げ出す面があります。

21．甲辰・乙巳／覆灯火《ふくとうか》：甲辰年は１９６４年、２０２４年です。乙巳年は１９６５年、２０２５年です。古代中国において、やや裕福な家庭の照明は、桐油などを使った灯火でしたが、黒い煙が上昇して天井に煤《すす》がついていました。そこで、煙が天井に行かないように、灯火の少し上に、小さな丸い鉄板を取り付けて、灯火を覆うようにしていました（この鉄板は洗浄して、繰り返し、長く使用できました。）。覆灯火とは、まさにこの鉄板のことです。覆灯火年命の人は、熱心に人助けをし、何でも受け入れるような、寛容な性格です。口が堅く、秘密を守り、周囲に信頼されて、何でも相談できるような存在です。したがって、カウンセラーのような仕事に向いています。ただし、ときどき厄介なことに巻き込まれて、不利な立場に陥ってしまいがちです。甲辰年生まれは、先を予見する能力が高く、表ではソフトな印象ですが、実はかなり頑固です。人間関係は上手なほうで、周りから信頼を受けます。乙巳年生まれは、まじめで正直です。性格は敦厚で、聡明です。活発的で能力が高く、富貴の運があります。

22．丙午・丁未／天河水《てんがすい》：丙午年は１９６６年、２０２６年です。丁未年は１９６７年、２０２７年です。天河水とは銀河のことです。世界各地に、昔から銀河に関する伝説や神話があります。中国の七夕の伝説に出てくる天の川は、昔から天河、星河などと呼ばれます。易経では、水は智慧を意味します。天河水年命の人は、一般の人を超えた智慧を持ち、宗教や易学のような神秘学に縁があります。したがって、宗教・風水・占いのような仕事に向いています。短所は、プライドが高すぎて、言動から周りの人に傲慢と見られ、嫌われることがあることです。丙午年生まれは、好奇心が強く、頭の回転が速いです。ただし、何をしても長続きしないような面があるので、事業となると成功しにくいです。丁未年生まれは、完璧主義で、実務的です。何をしても他人のことを優先して考える性格です。ただし、プライドが高すぎて、傲慢に思われがちです。

23. 戊申・己酉／大駅土《たいえきど》

：戊申年は１９６８年、２０２８年です。己酉年は１９６９年、２０２９年です。大駅土は、中国の夏王朝の始祖である大禹[10]と関係があります。伝説では、大禹は黄河の治水に成功して、たくさんの治水遺跡を残しました。これらの遺跡の土地を大駅土といいます。大駅土の特徴は、地勢が穏やか、河水の勢いが緩やかで、土地が肥えて、大変風水の良い場所で、居住や農耕に最適な土地と考えられています。戊と己は土、申は道路、酉は川や湖の象であり、空、山、大地、水が融合した大自然の象です。大駅土年命の人は、心が広く、欲が少なく、とても穏やかです。名や利にあまり興味がなく、自分の好きな分野に夢中になります。事業では結果は出ませんが、楽しい人生を送ります。戊申年生まれは、物事の道理に通じていて、人望があります。楽天家で、実務的で、健康にも恵まれ、長

10　大禹：中国大昔の伝説の王様で、夏王朝（紀元前２０７０～紀元前１６００年頃？）の創始者。黄河の治水を成功させたという伝説があります。

生きします。己酉年生まれは、真面目ですが、物事を途中であきらめることが多いので、事業では成功しにくいです。また、酒色に溺れやすいです。

24. 庚戌・辛亥／釵釧金《さいせんきん》：庚戌年は１９７０年、２０３０年です。辛亥年は１９７１年、２０３１年です。釵釧金はアクセサリーの金で、柔らかくて折れやすいです。釵釧金年命の人は、生まれつき高貴な気質です。特に女性は艶やかで、富貴であっても仁義的で義侠心があります。プライドが高く、正直です。短所は、挫折しやすい点です。庚戌年生まれは、消極的で、努力が不足しがちです。疑り深い側面があります。辛亥年生まれは、芸術や芸能に向いています。他者を助けたりしますが、嫉妬心が強く、度量が少し狭いので、人間関係はなかなかうまくいかないかもしれません。

25. 壬子・癸丑／桑柘木《そうしゃぼく》：壬子年は１９７２年、２０３２年です。癸丑年は１９７３年、２０３３年です。桑柘木は、硬くて、価値の高い木材です。昔から「帝王木」と呼ばれ、弓や高級家具などに使われてきました。桑柘木年命の人は、自我意識が強いです。能力が高く、国や会社などで棟梁になる人材です。不遇であっても、辛抱強く、簡単に妥協しません。優しく、心が広く、情が深くて、周囲に愛されます。ただし、命式に五行の木が旺盛であれば、頑固さが過ぎて、まったく他人の意見を聞かないでしょう。壬子年生まれは、怠慢で、努力が足りず、途中で諦めやすいので、事業での成功は難しいでしょう。癸丑年生まれは、性格は頑固ですが、表面では優しく、誰とでも仲良くできるので、人望があります。

26. 甲寅・乙卯／大渓水《だいけいすい》：甲寅年は１９７４年、２０３４年です。乙卯年は１９７５年、２０３５年です。大渓水は、大きな川に流れる豊かな水です。大渓水年命の人は、自由奔放ですが、包容力があります。運勢の起伏が激しく、安定した生活ができない面があります。生命力が強く、逆境に陥ると、「負けてたまるか」と奮闘する気持ちが強くなります。甲寅年生まれは、真面目で、ハメを外すことをしません。同情心が強く、進んで他者を助けたりします。乙卯年生まれは、智慧があり、素朴です。学問研究や技術に向いているので、このような方面の仕事に従事すれば、成功します。

27．丙辰・丁巳／沙中土《さちゅうど》：

丙辰年は１９７６年、２０３６年です。丁巳年は１９７７年、２０３７年です。沙と水を混ぜて、さらに火（丙、丁）で焼くと、硬くなります。古代中国において、沙とは、城や堤を作る時によく使う材料です。沙と土は、似た者同士できわめて普通のものですので、どこにおいても目立たない存在ですが、水を加えて混ぜると、とても重要な存在になります。したがって、沙中土は、相性の良い澗下水と井泉水が命式にあれば吉です。大海水・天河水・長流水のような大きな水とは合いません。沙中土年命の人は、公正無私で、公平な立場を貫くので、周りから尊敬されて、人間関係が良いです。丙辰年生まれは、聡明で気配りがあり、礼儀が正しいです。生まれつきの商売人で、金儲けがとても上手で、財運も良いです。多くが熱心で素直です。ただし、性格は少し極端で、完璧を求める性格ですので、人間関係を損ねることがあります。丁巳年生まれは、素直で、単純・安易な面があり、考えが浅くて、思ったことをストレートに口に出してしまうので、相手の感情を損ねることがあるかもしれません。冷静さが足りず、興奮しやすいです。生まれつき運勢は良いので、行き詰まるような局面でも、自然にうまく解決できるでしょう。

28．戊午・己未／天上火《てんじょうか》：

戊午年は１９７８年、２０３８です。己未年は１９７９年、２０３９年です。天上火とは、太陽と月の光の象義です。午は太陽の光、最も強い火です。太陽は大地を照らし、万物を養います。未は月の柔らかい光です。月の満ち欠けは、大地に大きな影響を与え、海の潮汐、気分などに大きく影響を与えます。天上火年命の人は、公正無私で、すべての人に対して公平に接します。情熱があり、豪快な性格です。戊午年生まれは、能力が高いです。個性が強く、プライドも一流です。わがままでありながら、行動力が高いので、結果的に裕福になる人が多いです。己未年生まれは、敦厚で、優しいです。心の中は情熱的ではありますが、表面的には冷たい印象を与えます。お天気屋なので、気分の転換も早いです。疑り深い面があります。

29. 庚申・辛酉／柘榴木《せきりゅうぼく》：庚申年は１９８０年、２０４０年です。辛酉年は１９８１年、２０４１年です。柘榴の木は背の低い喬木で、堅くて高級家具に適しています。木の形がきれいで、実も美味しく、観賞・食用共に優れた植物です。柘榴の実は小さな粒がたくさん集まったようになっていますので、「多心」（多産、子供が多い、考えることが多い）の象徴とされています。柘榴木年命の人は、とても優しくて、仁慈的です。聡明で考えることが多く、疑り深いです。気分が変わりやすくて、少しのことで機嫌が悪くなります。意志が強くて、いったん決意すれば、最後まで一生懸命努力します。庚申年生まれは、表面的には気が強い印象ですが、実は優柔不断で弱いです。話し方がとげとげしくて、ちょっと不真面目な感じですが、義侠心があり、欲はないほうです。辛酉年生まれは、意志が強く、負けず嫌いです。能力が高くて利口です。どんなに疲れても、表ではいつも元気いっぱいの姿を周囲に見せるようなところがあります。

30. 壬戌・癸亥／大海水《たいかいすい》：壬戌年は１９８２年、２０４２年です。癸亥年は１９８３年、２０４３年です。大海水とは、海のことです。深くて底が見えません。易学では、水は智慧を司ります。大海水の人は、かなり聡明で智慧があります。陸上の河の水は、すべて海に流れるように、心が広くて寛容です。海は波が高くて、波乱万丈ですので、大海水年命の一生は、起伏が激しいです。いきなり大成功となる場合もあれば、一気に底に落ちるような局面もあります。また、一生安定できず、どんなに成功していても、苦労が絶えない人が多いです。壬戌年生まれは、優しくて、誰とでも仲良くなれます。人助けを好んでするところがあります。ただし、精神状態は不安定で、気分が変わりやすいです。癸亥年生まれは、癸と亥は水で、納音も水で、水がきわめて旺ですので、頭が良く、才能もあります。敦厚な性格で、活発です。ただし、海水の動きが予測できないように、いったん荒れると、手のつけようがありません。

コラム　トランプ氏の命式

２０２４年11月５日のアメリカ大統領選挙は世界中の注目を集め、トランプ氏が圧倒的な支持を得て当選し、選挙戦に幕が下ろされました。トランプ氏の当選によって、今後の世界情勢は大きく転換していくと考えられています。

トランプ氏は２０１６年、不動産業界の大富豪として共和党から出馬し、第45代アメリカ合衆国大統領に就任しました。当初、トランプ氏が出馬を表明した際、多くの人々は彼の勝利を予想していませんでした。しかし、その年の10月、筆者（易海陽光）はアメリカ大統領選を占い、トランプ氏が当選すると予言しました。当時、その結果について自分自身も驚き、結果を楽しみにしていました。そして、11月8日、トランプ氏は見事に当選を果たしました。下のスクリーンショットは、筆者が２０１６年10月にオンラインで占った結果と、

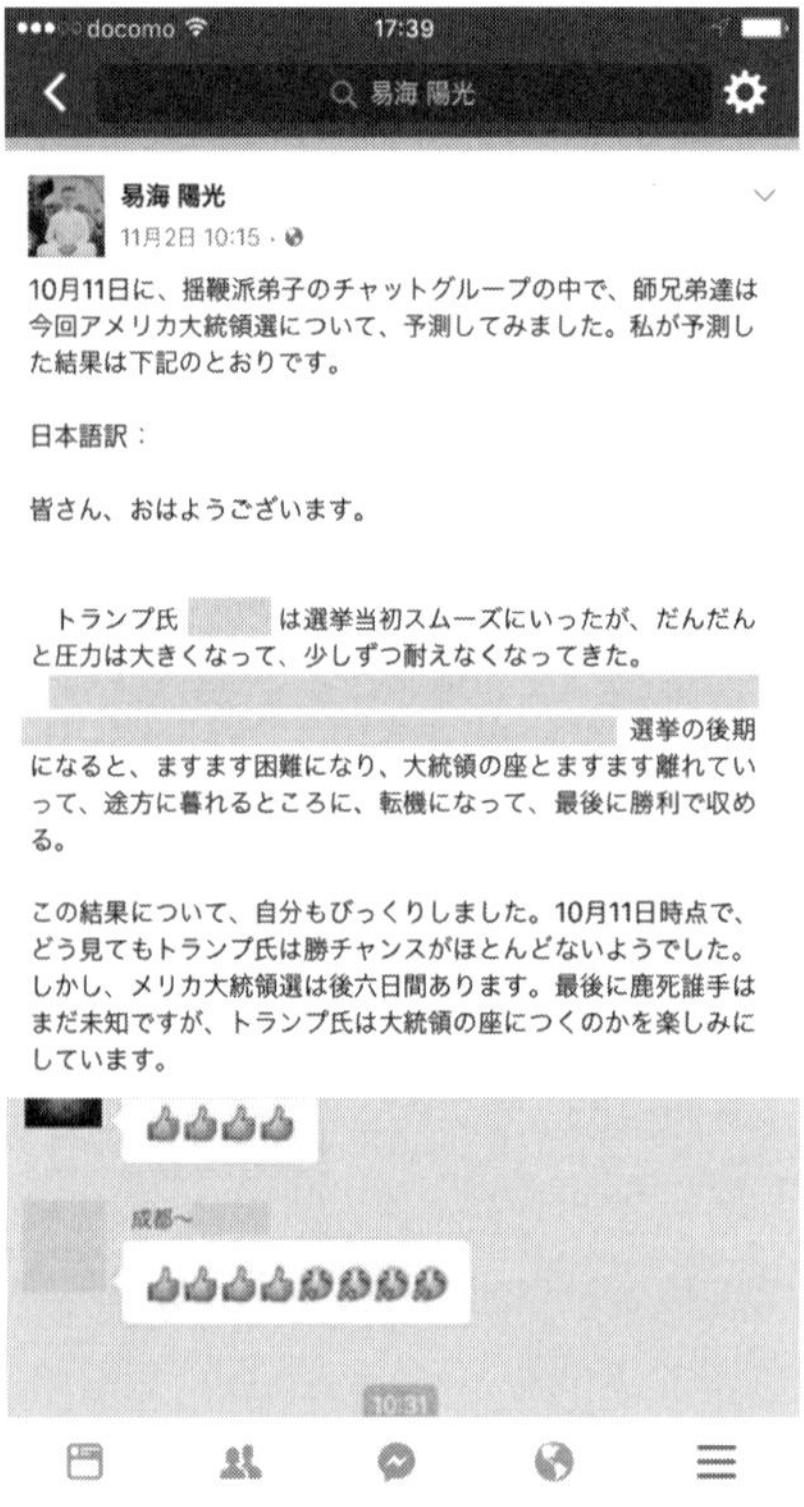

画像中、一般に公開できない内容とプライバシーに係る箇所は塗りつぶしてあります。

	時	日	月	年	
天干	己	己	甲	丙	
地支	巳	未	午	戌	（子丑空亡）

その結果を2016年11月2日、Facebookに発表した記録です。

今回の大統領選では、トランプ氏に対する暗殺未遂事件が二度もありましたが、彼はその危機から逃れ、最終的に勝利を収めました。そこで、盲派四柱推命を使って分析してみましょう。トランプ氏の生年月日時は、1946年6月14日午前巳時で、命式は上記のとおりです。

9歳起運

第一大運：乙未大運（08～17歳、1954～1963年）
第二大運：丙申大運（18～27歳、1964～1973年）
第三大運：丁酉大運（28～37歳、1974～1983年）
第四大運：戊戌大運（38～47歳、1984～1993年）
第五大運：己亥大運（48～57歳、1994～2003年）
第六大運：庚子大運（58～67歳、2004～2013年）
第七大運：辛丑大運（68～77歳、2014～2023年）
第八大運：壬寅大運（78～87歳、2024～2033年）

【神煞】（それぞれの神煞の説明は、第3章を参照）

1．月徳貴人：年天干丙火（年干の月徳貴人は、最大の貴人の一つです。天徳貴人と月徳貴人は、神様に愛され、身を守っていただけるという意味があります。命式に天徳貴人と月徳貴人がある人は、心が優しく、他者を助けようとする気持ちがあります）

2. **太極貴人**：年支戌土、日支未土（命式に太極貴人がある人は、宗教への信仰を持つことを表します。年柱が丙戌で、盲派四柱推命においては線香を立てる象意があり、宗教の信者であることを示す意味があります。トランプ氏も敬虔なキリスト教徒として知られています）

3. **駅馬星**：時支巳火（駅馬星は、変動、動く意味です。巳火は日干己土の印星で、仕事、転勤などのことを表します。2025年は乙巳年、駅馬星の流年になるので、変動があることを示します）

4. **禄神**：月支午火です。禄神はその人の吉運、財運、社会的な地位、健康などの情報を表します。

5. **羊刃**：時支巳火です。気が強く、果断、大胆、勇敢、仁義的な性格をしていることを表します。

6. **将星**：月支午火です。将星は、将軍としての能力を意味します。

7. **亡神**：時支巳火です。亡神は威厳があり、智謀的であることを意味します。

8. **歳煞**：年支戌土です。戌の年に悪いことがあります。

9. **童子煞**：納音五行の童子煞は時支巳火、四季童子煞は日支未土です。童子煞は、神様との縁があることを表します。

【分析】

1. 命式を見ると、正官星（甲木）が一つあります。正印星（丙火、午火）が二つと偏印星（巳火）が一つで、合計三つあります。比肩星（未土、己土）が二つと劫財星（戌土）が一つで、こちらも合計三つです。食傷星は戊土の蔵干に辛金、巳火の蔵干に庚金があります。財星である水は命式に一つもありません。四柱の納音を見ると、丙戌の納音は屋上土、甲午の納音は沙中金、己未は天上火、己巳は大林木となっており、納音にも財星の水が一切ありません（命式に財星がまったくないにもかかわらず、なぜ億万長者でいられるのか、理解しがたい人も多いかもしれません。盲派ではこの点について完璧な説明が存在しますが、ここでは公開を控えさせていただきます）。

2. 日干の己土は午月に生まれ、年干の丙火が己土を生じます。また、年支に戊土があり、日支に未土と己土があるため、さらに甲己合により土の気が強まり、かなり強旺の命であり、トランプ氏はとても健康でたくましい生まれです。

3. 地支を見てみると、月支午火と日支未土で合化火、年支戌土と午火は半合火局、さらに、時支の巳火と午火未土と三会火局になります。地支はすべて合化火局であり、年干の丙火も含めて土を生じるため、命式には火と土の気がきわめて強いことがわかります。

4. 命式には正官星の甲木がありますが、地支に通根せず、きわめて弱い状態です。唯一、未土の蔵干に乙土があり、これがわずかな甲木の根となると考えられます。

5. 命式に印星がきわめて強いことから、トランプ氏の生家が非常に裕福であることがわかります。また、比肩劫財が多いことから、トランプ氏には兄弟や友人が多いと考えられます。

6. 格局を見てみると、時干が己土で、月支が午火から出てくるため、比肩格となります。月干の正官甲木は年干の正印丙火を生じ（官印相生格と言う）、木が火を生じるため、木火通明の大吉の格局です。このような組み合わせは大きな富貴をもたらし、官運も非常に良いです。歴史の中でも、官印相生格の人物が権力を握った例は多いです。さらに、年干の丙火は月徳貴人で、守られていることがわかります。月支に午火は禄神で、建禄格といいます。建禄格の人物は、常に元気で活力に溢れ、疲れ知らず、です。また、絶対に失敗を認めない性格でもあります。

7. 時支巳火は羊刃です。火と土が共に旺盛で、さらに羊刃があるため、攻撃的な性格です。せっかちで、雄弁家でもあります。巳火にある蔵干庚金は、日干己土にとって傷官となります。傷官は自分の思ったことをストレートに発言する傾向があり、そのため、しばしば公の場で他人が嫌うようなことも言ってしまいます。

8. 日支未土、時干己土は比肩です。比肩は日干己土の仲間です。日支は自分の妻宮で、時柱は子供を表します。妻と子供たちはトランプ氏に協力的でしょう。

9. 将星は月支午火で、非常に強力で、日干の己土を生じます。また、午未合火局や巳午未方合することから、トランプ氏は、優れた能力を持つ人々に囲まれていることがわかります。

10. トランプ氏は2016年のアメリカ大統領選挙で勝利しました。2016年は丙申年で、トランプ氏は70歳でした。2014年から2023年までは第七の辛丑大運です。限運は丙火の限運にあたります。まず、大運を見ると、辛金は日干己土の食神にあたり、丑土は比肩となります。丑土は午火と害、未土と冲《ちゅう》です。また未土と戌土で三刑が成立しています。したがって、この大運は、トランプ氏にとって非常に波乱万丈な10年となることがわかります。周知のように、出馬表明から2023年まで、トランプ氏は噂や裁判などが絶えませんでした。もちろん、この期間中には、第45代アメリカ合衆国大統領にも就任しました。辛丑を見ると、丑土は食神辛金を生じて、辛金は官星甲木を剋制します。2016年は丙申年で、申の蔵干に辛金があります。申金が現れることによって、辛金は甲木を剋する力をさらに強めます。また、時支の巳火の蔵干にも丙火があります。この丙申年は、命式の丙火と時支の巳火を発動させ、大運の辛金と共に動き始めます。辛金は甲木を剋制し、巳、午、未が方合することによって、正官星を日干の己土に変化させることができます。盲派四柱推命の考え方では、食神や傷官は、官や印、財を得る手段とされます。食神や傷官によって剋制されたものは、その人に仕えるものとなります。この時期は、丙火限運ですので、年干午火、時支巳火を発動させ、日干己土を生じます。したがって、大運と限運が表した情報は一致しています。

11．2020年は庚子年です。本来、己土が午月に生まれる場合は、水で調候する必要があります。しかし、トランプ氏の命式を見ると、木火通明の格局となっており、正官星である甲木が丙火を生じ、丙火が日干を生じるという連続的な相生関係が見られます。このため、水は逆に忌神となります。庚子年では、庚金が子水を生じて、強い子水が日支の未土と「害」の関係になるので、本来弱い甲木の小さな根である乙木が致命的なダメージを受けたので、大統領選において敗北したと考えられます。

12．2024年からトランプ氏は第八の壬寅大運に入りました。この大運は、彼の人生において最も有利な運期となります。壬水生寅木、寅木は正官星である甲木の強い根として作用し、甲木をさらに強めます。寅午戌が三合火局を形成するため、寅木が巳火を刑することをしなくなり、正印星である丙火の根に損害を与えません。そのため、この大運では、官星と印星が共に強旺となり、官印相生の格局の吉性が一層強化されます。

13. 2024年は甲辰年です。流年の甲木と月干の甲木が伏吟となり、官星の気がさらに強まります。また、辰土と戌土が冲することで、水の「辰庫」と火の「戌庫」が共に開くことになります。投票する国民たちは候補者にとって印星となるため、火庫が開くことで支持者が一気に現れることを示しています。さらに水庫が開くことで、辰土の蔵干にある癸水が、過剰に強まる木火土を潤し、五行のバランスが良くなりました。

14. 官星は官職を司るほか、災いや病気、怪我なども表します。さらに、日干己土の十二状態では、大運の寅木は「死」となります。寅木は甲木の根であるため、流年の甲木にも死に関する災いの情報が潜んでいることになります。流年の甲木は日干の己土を合剋し、不安要素をさらに強めます。また、大運が切り変わる前後の年は非常に不安定な時期であり、2024年には大きな出来事が頻発する可能性があります。2024年は、大統領選に勝った一方、有罪判決や二度の暗殺未遂事件が発生しました。

15. 2025年は乙巳年です。乙木は偏官（七殺）であり、巳火は亡神です。このように、七殺と亡神の組み合わせは悪い兆候を表します。また、正官星が一つだけあれば吉とされますが、正官星と七殺が同時に現れると「官煞混雑」となり、官職や地位に悪影響を及ぼすだけでなく、災難もあると予測できます。したがって、2025年はトランプ氏にとって悪い年といえます。さらに、流年の巳火は時支の巳火を発動させ、大運の寅木を害するため、甲木の根にダメージを与えます。これも、官職にとって悪い兆候となります。甲木が己土と合剋する場合には陰陽の剋で情を伴いますが、乙木からの剋は情がなく、より強い剋であるため、被害も深刻になります。

あとがき

筆者は、最初、故・中国揺鞭派風水の第六代師範である秦倫詩《しんろんし》より、盲派四柱推命を教授いただきました。さらに、数名の先生に師事して勉強を続けてきました。盲派四柱推命を勉強すればするほど、その素晴らしさ・奥深さを実感しています。

盲派四柱推命の魅力は、単なる占いではなく、人としての在り方や、宇宙の調和と深く結びついていることにあると思います。特に、天地人三才の思想を取り入れて推命する点などは、盲派四柱推命の大きな貢献だと思います。

２０２３年、『詳細　面相学』の初稿を終えてから、すぐに盲派四柱推命に関する本の執筆に取りかかりました。これは筆者の長年の願いでした。今回、長い歴史の中で、秘密にされてきた盲派四柱推命の一端を日本で公開することができて、とても嬉しく思います。

執筆を始める前に、筆者の兄弟子で中国の道教全真龍門派第22代目道士である、中国通聖慧霊派第三代目師範・穆良軍《ぼくりょうぐん》氏に相談しました。穆氏からは、本の構成や内容に関する助言を受け、さらに豊富な資料や事例の提供もいただきました。そのため、本書は穆氏との共作です。

盲派の知識を伝えてくださった恩師である秦倫詩や他の先生方、細やかに文章を校正してくださった方、そして出版関係者の皆様に深く感謝申し上げます。

本書は盲派四柱推命の基礎にとどまりましたが、盲派四柱推命にはたくさんの応用技法や独自の格局論も存在していますので、機会があれば、それらについても公開したいと思います。

なお、一般社団法人日本易経協会では、盲派四柱推命を教えています。ご興味のある方は、ホームページ（https://japan-ekikyo.com）をご覧ください。

2024年11月1日夜

易海陽光

【著者紹介】

易海 陽光（いかい　ようこう）

本名：倪鍔（にいがく）
1996年：岡山大学入学、2000年に岡山大学経済学部を卒業
2000年：広島市立大学国際学研究科に入学、2002年に修士号を取得
2002年：広島市立大学国際学研究科博士後期入学
2005年：博士後期課程満期修了
2014年：中国揺鞭派風水第六代目掌門秦倫詩（しんろんし）師範に拝師、揺鞭派風水第七代目伝人
2015年：劉文元（りゅうぶんげん）教授をはじめ、多数の易学の先生の元で梅花心易、四柱推命、奇門遁甲、大六壬など、多様な占術を学んだ（劉文元：中国の名門大学である北京大学、清華大学、浙江大学などで「易経」を教え、香港国学研究院名誉院長を務める）
2015年：日本現代風水研究会秘書長に就任
2015年から『「易経」全巻詳解セミナー』、「梅花心易」「風水」「四柱推命」「断易（六爻）」「面相学」などを開催し始める
2019年：第22回世界易経大会（東京）に参加し、副会長を務め、発表した論文によって、「国際最佳易学成就賞」、「最優秀国際風水師賞」を受賞
2021年：一般社団法人日本易経協会を立ち上げる
現在、道教太上老君法術伝人、符呪師（霊符師）として活躍している

翻訳した書物：
1．『紫白訣』翻訳と解釈（玄空風水専門書）
　『玄空風水秘訣』に収録（安藤成龍著」
2．『煙波釣叟歌』翻訳と解釈（奇門遁甲専門書）
　『奇門遁甲占法秘訣』に収録（安藤成龍著）
その他：風水資料多数

穆 良軍（ぼく　りょうぐん）

中国吉林省生まれ
道教全真龍門派第22代目道士
道教正一派三字輩第六十七代弟子、符呪師
成都博易先知企業管理諮詢有限公司董事長
中国通聖慧霊派第三代目師範
揺鞭派風水第七代目伝人
一般社団法人日本易経協会常務理事
心理諮詢師

秘伝　盲派四柱推命

2025年 3 月 21 日　初版発行

著　者――易海陽光・穆良軍
編　集――初鹿野剛
本文DTP――Office DIMMI
装　幀――賀来溢

発行者――今井博揮
発行所――株式会社太玄社
TEL 03-6427-9268　FAX 03-6450-5978
E-mail:info@taigensha.com　HP:https://www.taigensha.com/

発売所――株式会社ナチュラルスピリット
〒101-0051　東京都千代田区神田神保町3-2　高橋ビル2階
TEL 03-6450-5938　FAX 03-6450-5978

印刷――株式会社ディグ

ISBN 978-4-86813-004-8 C0011